긍정적 행동지원을 처음 시작하는 어린이집 교사,
부모형제, 학부학생을 위한 입문서

"행동치료 바로 알기"

| 윤현숙 저 |

학지사

프롤
로그

손 안에 들고 다니면서 읽을 수 있는 쉬운 책이 필요해서,
그래도 중요한 내용은 취급하고 있는 책이 필요한 사람을 위해,
학력 불문하고 부모가 쉽게 접근하는 책이 필요해서,
형제가 장애를 가진 형제를 돕다가 참고할 책이 필요해서,
특수교육과 학생들이 숙제하기 편하게 도와주기 위해,
교수가 가르치다가 한 학기 13주간의 워크북이 필요해서,
교사가 학생들을 가르치다가 사전 찾듯 참고할 책이 필요해서,
교양을 쌓고 싶은데, 어려운 책은 싫은 일반인을 위해,
사실은 교육인데, 치료라는 근사한 이름이 필요한 사람을 위해,
심심하면, 그림을 그려 넣을 수 있는 편한 책이 필요해서,
서류 작성하다가 언제든지 서식을 인쇄한 후에 바로 사용할 책이 필요해서,
서식을 찍어 필요한 사람에게 보내 줄 수 있는 책이 필요해서,
한글로 편하게 읽고 싶어, 영어가 한 줄도 들어 있지 않은 책이 필요해서,
사례연구를 통해 논문 과정으로 전환되는 과정을 이해하고 싶은 사람을 위해,
이 글을 씁니다!

인간은 서로 배운다. 좋은 행동은 좋은 행동대로, 나쁜 행동은 나쁜 행동대로! 학습은 경험의 누적 현상으로, 좋은 경험을 누적하면 좋은 행동이 나타날 기회가 많아지고 이로 인해 자신감이 는다. 자신감은 성공감으로 이어지고, 성공하고자 하는 동기가 강할수록 계속 좋은 행동이 이루어진다. 좋은 행동이 학습되는 예다. 나쁜 행동은 나쁜 행동대로 학습된다. 맛있는 과자를 먹었던 아동에게 음식의 유혹을 참는 것은 어려운 일이다. 얻기에 어려운 음식이나 물건일수록 더욱 그렇다. 하지만 한 번 떼를 쓰거나 소리를 지르는 행동으로 쉽게 물건을 얻은 경험이 있는 아동은 얻기 위해 노력하고 애쓰기보다는 쉽게 물건을 얻기 위해 문제를 일으키는 방법을 습득한다. 나쁜 행동을 배우는 예다.

행동수정은 일상생활 중 바람직한 행동을 습득시키기 위해 좋은 경험을 누적시키는 과정이다. 즉, 행동수정은 인간행동을 지배하는 행동 원리를 적용하여 인간의 부적응행동을 감소, 제거하고, 적응행동을 습득, 유지하는 행동으로 정의한다.

행동수정의 과학적 원리를 강조하여, 분석하고 논리적 근거가 필요하게 되었고 그것이 응용행동분석이다. 응용행동분석은 인간행동을 설명하는 행동 원리를 특정 행동에 적용해 보고, 그 행동 원리가 실제로 행동의 변화를 가져 오는지를 평가하기 위해 행동을 체계적으로 관찰, 측정하며, 행동의 변화에 따른 또 다른 중재를 결정하기 위한 평가를 하는 전 과정을 뜻한다. 여기에서는 모든 문제행동은 그 행동이 가져오는 기능이 있다는 것이다. 응용행동분석에서는 문제행동의 기능을 강조하므로, 모든 문제행동의 기능을 분석하기 위해 많은 시간과 에너지를 할애한다.

　최근에는 긍정적 행동지원의 개념을 강조하고 있는데, 긍정적 행동지원은 행동의 기능평가에서 나온 결과를 사용하며, 문제행동의 원인이 될 수 있는 환경을 재구성하여 문제행동을 예방하고, 문제행동들을 대체할 수 있는 기술을 가르치고, 문제행동에 대해 적절히 반응하는 종합적이고 체계적인 문제해결 접근법을 말한다. 즉, 과학적으로 문제행동을 분석하고 문제행동의 기능을 분석하여 그 원인에 따라 문제행동이 일어나지 않도록 예방에 시간과 에너지를 쓴다는 것이다. 만일 예방 단계가 지나서도 문제행동이 벌어졌다면 그 기능을 대체할 수 있는 기술을 찾아내는 것이 핵심이다. 예를 들면, 관심 받고 싶어서 소란을 피운 아동에게 심부름 하는 행동을 하도록 하여 좋은 관심을 받게 하는 것이 그 예다. 이에 더하여 부모가 문제행동을 잘 분석하여 예방하고, 좋은 행동으로 대체해 주었다 하더라도, 주말에 할머니 손에 맡겨진 아동이 순식간에 이전 상태로 돌아간 경험은 한두 번 있을 것이다. 이것은 문제행동을 치료할 때 종합적인 측면을 보아야 하고, 여러 사람이 팀을 이루어야 한다는 것을 쉽게 알려 주는 예다. 어린이집이라면 담임 선생님뿐 아니라, 원장 선생님, 옆 반 선생님, 사무 선생님, 보조 선생님, 심지어 운전기사님까지도 일관되게 문제행동 지도를 위해 지원해야 한다는 것이다. 즉, 종합적이고 체계적인 도움이 있을 때 긍정적 행동지원은 효과를 발휘한다는 것이다.

　그렇다면 인간행동을 지배하는 행동 원리라는 것은 무엇인가? 행동수정이 파블로프를 기점으로 한 자극-반응 이론의 학습이론에서 시작되어 공포실험을 한 왓슨이나 시행착오라는 말을 남긴 손다이크 등을 거쳐 스키너, 밴듀라에 이르기까지 인간의 행동을 지배하는 원리는 다음과 같다.

　먼저, 정적 강화의 원리다. 이 원리는 어떤 행동을 한 이후 뒤에 따라오는 결과가 마음에 들고, 좋다고 여겨지면, 그 행동이 좋은 행동이건 나쁜 행동이건 이전보다 더 늘기도 하고, 이전만큼 유지된다는 것이다.

　둘째, 부적 강화의 원리다. 이 원리는 어떤 행동을 한 이후 행동의 결과로써 싫어하는 자극을 피할 수 있으면 행동이 더 늘어나거나 이전 상태만큼 유지된다는 것이다. 잔소리를 듣기 싫어서 숙제를 빨리 하고 친구와 놀았던 경험이 한 번쯤 있을 것이다.

셋째, 정적 벌의 원리다. 행동 뒤에 부정적인 자극을 제시하면 행동이 감소된다는 것이다. 옐로카드를 받은 축구선수가 반칙 행동이 감소되었다면 이 원리의 효과다.

넷째, 부적 벌의 원리다. 행동 뒤에 긍정적인 자극을 제거하면 행동이 감소된다는 것이다. 출석률이 저조한 대학생에게 A학점을 주지 않는 규칙 때문에 결석 행동이 감소되었다면 이 원리가 제대로 효과를 발휘한 것이다.

다섯째, 소거의 원리다. 어떤 행동에 대해 강화가 주어지지 않으면 그 행동은 감소하거나 사라지게 된다는 것이다. 관심을 끌고 싶어서 작은 성취에도 칭찬을 원하여 눈 접촉을 과할 정도로 반복적으로 하는 아동에게, 선생님이 다른 아동을 돌보느라 더 이상 쳐다봐 주지 않는 행동이 반복되면 칭찬받을 행동이 점차 사라지는 것이 그 예다.

여섯째, 자극통제의 원리다. 어떤 행동 이전에 주어지는 특정 자극에 따라 어떤 행동이 발생할 가능성이 높아진다는 것이다. 즉, 어떤 행동과 선행사건 간의 예측되는 관계를 말한다. 속도기의 신호음이 과속 예방 신호가 되어, 속도를 줄이는 것이 이에 해당한다.

일곱째, 모방의 원리다. 다른 사람의 행동을 보고 그 행동의 결과를 관찰하는 것을 통해 행동을 따라 하게 되는 학습이 일어난다는 것이다. '친구 따라 강남 간다'는 것으로 좋은 행동이든, 나쁜 행동이든 이 원리는 강력하다.

여덟째, 행동형성의 원리다. 목표행동에 점점 더 근접한 행동을 체계적으로 강화하면 목표하는 행동을 학습하게 된다는 원리다. 못 올라갈 나무는 사다리를 놓아 준다.

최근에는 인간행동을 지배하는 행동 원리를 바탕으로 행동치료를 진행할 때, 긍정적 행동지원의 요소를 감안해야 한다. 이를 위한 주요 요소를 살펴보면 다음과 같다.

첫째, 생태학적 요소다. 문제행동은 장애 때문이 아니라 환경적 사건이나 조건 때문에 발생할 수 있으며, 문제행동은 개인에게 자신이 원하는 결과를 주는 역할을 하기도 한다는 전제하에, 문제행동을 이해하기 위해 환경을 살필 것을 요구한다. 문제행동이 일어나기 전의 선행사건이나 그보다 먼저 피로한지, 배고픈지, 아픈지에 따라 행동이 변화될 수 있다는 전제로 배경 사건을 분석하기도 한다.

둘째, 진단을 기반으로 하는 접근이다. 환경적 사건들과 그에 대한 반응을 분석하여 문제행동의 기능을 이해하고, 학생의 선호도와 강점을 강조한다. 이를 위해 긍정적 행동지원에 앞서 아동의 현재 수행수준을 파악하기 위한 노력이 선행된다. 지능검사나 사회성숙도 검사, 덴버 발달 검사 등은 아동의 현재 수행수준을 파악하는 데 도움 되는 대표적인 검사다.

셋째, 맞춤형 접근이다. 중재는 학생 개인의 필요와 학생이 처한 환경에 맞추어 실제적이고 현실적으로 구성한다.

넷째, 예방 및 교육 중심의 접근이다. 학생이 어려워하는 환경에 변화를 주어 문제행동을 예방하고, 학생에게 문제 상황에 대처하거나 그 상황을 바꿀 수 있는 기술을 교육한다.

다섯째, 삶의 방식 및 통합 중심의 접근이다. 문제행동이 감소만을 목적으로 하는 것이 아니라, 삶의 방식이 변하는 좀 더 넓은 성과를 목적으로 한다.

여섯째, 종합적 접근이다. 문제행동의 예방, 대체기술의 교수, 문제행동에 대한 반응, 개인 삶의 방식의 개선을 이루기 위해 다양한 중재를 적용한다.

일곱째, 팀 접근이다. 중재의 목표와 가치에 동의하는 팀의 협력을 요구된다.

여덟째, 대상을 존중하는 접근이다. 학생의 입장에서 문제행동을 이해하고 학생의 필요와 선호도에 관심을 갖는다.

행동지원을 적용할 때 주의할 점은, 행동주의의 원리는 윤리적 문제를 수반한다는 것이다. 먼저, 행동지원은 마치 동물을 다루듯 칭찬과 벌의 원리에 의해 인간행동을 통제한다. 또한 응용행동분석 원리에 따라 체계적으로 자료를 모으고, 분석하며, 기능분석에 의한 지원에 의미가 있다. 하지만 대상 학생들에게 이 방법을 적용하기 위해서는 많은 시간과 에너지가 필요하다. 이러한 이유로 부모만이 아니라, 많은 학생들을 보살피고, 가르치는 과정에 있는 교사들의 경우 현실적인 어려움에 비판을 받아 온 것이다. 그럼에도 불구하고, 행동주의를 통한 지원은 가벼운 행동문제부터 중도장애에 이르기까지 지속 가능하고, 강력한 중재전략임을 고려해야 할 것이다.

행동지원의 원리를 미국행동분석협회의 윤리강령에 따라 기술하면 다음과 같다.

첫째, 아동의 행동을 지원하기 위해서는 아동을 둘러싼 환경이 치료적 환경이 되게 해야 한다. 즉, 안전하고 인격적이며 개인의 필요에 부응하는 환경이 되도록 해야 한다. 이는 장애아동의 배치에 적용되는 최소제한환경의 개념과도 같은 이치다. 즉, 아동 개인의 안전과 발달에 대한 최대의 보장과 아동에 대한 최소의 제한이라는 두 가지 조건을 충족해야 한다.

둘째, 변화시키려는 행동의 결과가 또래나 교사 등의 주위 환경만 이롭게 하는 것이 아니라 아동 자신에게도 유익한 것이어야 한다. 그러한 유익을 이루기 위해서는 아동의 자발적 참여가 요구된다. 중재 참여에 위협이나 보상이 사용되지 않아야 한다.

셋째, 아동의 행동지원이 바람직한 결과를 가져오기 위해서 행동지원 방법은 자격을 갖춘 전문가에 의해 이루어져야 한다. 행동지원의 원리는 간단하지만 효과적 수행이 결코 쉽지 않기 때문에 전문가에 의해 다루어져야 한다.

넷째, 아동의 행동지원에 사용되는 치료방법은 가장 효과적으로 증명된 것이어야 한다. 즉, 치료방법은 여러 절차를 통해 효과가 증명된 방법을 사용해야 하는데, 설사 증명된 치료방법이라고 하더라도 부모나 교사들이 범하기 쉬운 실수는 증명된 치료의 내용과 순서를 그대로 적용하지 않고 부모나 교사가 자신이 적용하기 쉬운 요소만 골라서 적용하는 경우를 주의해야 한다. 이때는 결국 바람직한 결과를 기대하기 어렵다. 그러므로 부모나 교사는 아동의 행동지원에 대한 훈련을 받고 그 분야의 전문가가 되어야 한다. 따라서 행동치료를 하는 초기에는 적절한 감독을 받을 필요가 있다.

다섯째, 아동에게 가르치는 행동은 아동의 환경 속에서 효과적으로 기능할 수 있는 것이어야 한다. 아동의 변화된 행동이 자신의 환경에서 기능하지 않는다면 아동은 그 행동을 유지하지 않을 것이다. 효과적으로 기능한다는 것은 자연적 강화가 이루어져 행동의 유지와 일반화가 가능하다는 것을 의미한다. 이를 위해 평소에 아동의 관심사가 환경에서 어떤 영향을 미치는지를 알아둘 필요가 있다.

여섯째, 행동에 대해 설정된 목표의 달성을 이루기 위해 중재효과를 계속적으로 평가하는 것이 필요하다. 이를 위해서는 행동목표가 분명하게 문서화되어야 하며, 행동의 조작적 정의를 가지고 중재 효과를 양적으로 측정하고 평가하는 것이 지속적으로 이루어져야 한다. 특히, 적절한 관찰법을 익히고 그래프를 그리는 연습을 통해 부모나 교사는 아동의 진전도를 한눈에 파악할 수 있어야 한다.

　부모나 교사는 행동을 지원하는 방법을 올바르게 사용하기 위해 목표 세우기, 행동을 측정하고 자료를 수집하기, 그래프에 옮기기, 수집된 자료로 평가하기 등을 위해 과학적인 접근이 필요하다. 이를 통해 가장 긍정적이고 최소 제한적이며, 비혐오적인 기법을 선택하는 능력을 갖추도록 한다.

　특수교육도 인지치료라고 지칭해야 통하는 세상이다. 행동치료, 행동수정, 응용행동분석, 긍정적 행동지원은 같은 맥락이다. 가족을 위해, 형제를 위해, 바우처 등 서비스를 직접 지원하고 개입하는 전문인에게 용어 사용에 매달리지 말고 효과적인 사용법을 익히고 실행할 일이다. 짧은 기간, 무리한 일정에도 불구하고 부족한 원고를 훌륭한 책으로 만들어 주신 김진환 사장님과 김순호 이사님께 감사드린다. 유머와 위트로 큰일을 작은 느낌으로 이끌며 근사한 작품으로 탈바꿈시켜 주신 이세희 선생님께 더없는 존경의 마음을 보낸다.

　작은 시작에 함께하실 모든 분께 건강과 행운이 있기를 바란다.

2019년 10월 31일
윤현숙

행동치료란
무엇인가

제23조(조기진단 및 개입) ① 국가와 지방자치단체는 발달장애인의 장애를 조기에 발견하기 위하여 검사도구의 개발, 영유아를 둔 부모에 대한 정보제공 및 홍보 등 필요한 정책을 적극적으로 강구하여야 한다.

출처: 「발달장애인 권리보장 및 지원에 관한 법률」

행동치료는 문제행동이 있는 대상에게 바람직한 행동을 가르치거나 바람직하지 못한 행동을 감소시키는 치료기법이다. 이 방법은 주로 병원이나 클리닉 등의 임상 장면에서 사용되므로, 물리치료, 작업치료, 언어치료 같은 맥락에서 행동치료라고 부른다.

행동수정은 행동치료에 비해 특수교육을 위한 교실 장면이나 상담실 등 비교적 가벼운 문제를 다루는 기관에서 즐겨 부른다. 이와 유사한 개념으로 행동교정을 들 수 있는데, 주로 교정시설이나 일반 수업을 진행하는 학급 장면에서 비교적 가벼운 문제를 교정할 때 사용한다.

최근에는 응용행동분석이라는 용어를 자주 볼 수 있다. 응용행동분석은 문제행동의 원인을 과학적으로 분석하기 위해 문제행동을 기준 삼아 앞서서 어떤 일이 일어났고, 그 행동이 일어난 직후 어떤 일이 일어났는지를 분석하여 행동의 기능분석을 강조한다.

가장 최근에는 긍정적 행동지원을 강조하면서 사건을 예방하고, 팀 접근을 통해 바람직한 행동을 강화하고, 바람직하지 못한 행동을 감소시키는 전략을 중요하게 다룬다. 그러나 결국은 행동치료, 행동수정, 행동교정, 응용행동분석, 긍정적 행동지원의 다른 용어의 같은 개념은 수요자인 가족이나 전공 학문에 입문하는 학생들의 입장에서는 혼란스러울 뿐이다.

행동치료는 비인간적이고, 지나치게 상벌의 원리를 강조한다는 윤리적 비판을 받는다. 그러나 행동치료는 여전히 심한 문제행동을 보이는 발달장애아동에게 획기적인 방법으로 알려져 있다. 이러한 이유로, 긍정적인 지원을 토대로 적절한 치료 개입이 필요하다. 국가 및 지방자치단체의 의무이기 때문이다. 조기에 발견하여 조기개입하기 위해 현재 수행수준을 파악하여야 한다. 이를 위하여 적절한 도구개발과 이미 사용되고 있는 검사 도구를 적극적으로 발굴하여 부모를 위해 제공하는 것이 국가 및 지방자치단체의 책무다.

따라서 이 책에서는 행동치료 라는 쉽고 익숙한 용어로 중재기술을 강조하고자 한다. 용어 안에는 상황과 장면에 걸맞은 다양한 용어를 포함하고 있음을 고려하면 좋을 듯하다.

〈용어 알기〉

행동치료

행동수정

행동교정

행동조정

응용행동분석

긍정적 행동지원

기관 수준의 긍정적 행동지원

「장애인 등에 대한 특수교육법」

「발달장애인 권리보장 및 지원에 관한 법률」

행동치료는
누가 받는가

　행동치료는 누가 받는가? 다소 어리둥절하겠지만, 행동치료는 필요하면 누구나 받을 수 있다. 보통 행동치료는 문제행동이 있는 심한 장애인에게 주어지는 치료방법이라고 생각하기 쉬우나, 장애가 없는 어린이의 경우에도 행동치료가 필요한 경우는 많다. 행동치료는 아동기에 거짓말을 반복적으로 하거나 친구끼리 싸우기, 손톱 물어뜯기 등의 사소한 문제로부터, 자해행동, 공격행동, 파괴행동에 이르기까지 다양한 문제행동이 이에 속한다. 특히, 성인기의 금연이나 비만, 자기관리 등에 행동치료 기법이 자주 등장한다.

　특수교육은 특별히 고안된 교육을 다루는 학문으로, 행동치료가 자주 사용된다. 시각장애아동의 경우 눈을 자주 비비는 문제를 수정해야 한다. 특히, 시각적으로 불편한 문제를 참지 못하여 분노를 폭발하기도 한다. 가끔 나타나는 상동행동은 행동지원이 필요한 대표적인 증상이다.

　청각장애는 들리지 않거나 불편한 이유로 화를 참지 못하여 문제행동을 보이는 것으로 알려져 있다. 청능 훈련 같은 지원과 함께 행동치료가 필요한 이유다. 지적 장애는 전반적으로 지연되어 있는 발달기능을 높여 주고, 사회성 있는 행동을 도와 주어야 한다. 대표적인 문제행동으로 공격이나 자해, 상동행동, 자기자극 행동 등 다양한 영역에서 집중적으로 도와주어야 할 대표적인 대상이다. 지체장애는 보통 뇌 병변으로 인한 장애나 외상으로 인한 장애로 구분하여 볼 필요가 있다. 이 장애 는 장애로 인한 심한 좌절을 보이는 대표적인 장애로, 떼를 쓰거나 고집 부리기 등 의 가벼운 문제부터 통증에 대한 극심한 어려움으로 인한 심한 분노 발작 등 다양한 문제를 지원해야 한다. 정서·행동장애는 정서적인 어려움으로 인해 보이는 문제 행동을 전문적으로 훈련받아 지원해야 하는 대표적인 장애다. 별다른 이유 없이 갑 자기 성적이 떨어지는 학습문제를 돕기 위해 바람직한 행동을 늘리는 전략을 구사 해야 하고, 선생님과 가족 등과 관계 형성이 어려운 경우 친구 사귀기, 사회성 개발 에 많은 지원이 필요하다. 자폐성장애는 친구 사귀기, 눈 맞춤 방법 등 사회성을 개 발하기 위한 구체적인 방법을 집중적으로 도와야 하는 아동이다. 특히, 공격, 자해, 파괴, 지시 따르지 않기, 고집 부리기, 상동행동 등의 다양한 문제행동을 찾아내야 한다. 선생님이나 가족들은 문제를 찾고 돕는 기술을 전문적으로 익히고 실행해야 한다. 이 밖에도, 말이 유창하거나 발음이 어려운 의사소통장애아동을 대상으로 의 사소통이 안 되어 보이는 문제행동을 돕기 위해 힘써야 한다. 학습장애처럼 학습이 어렵기 때문에 겪는 좌절 상황을 피하기 위해 문제행동을 보이는 경우 학습문제를 돕는 것이 선행될 수도 있다. 건강상 어려움이 있어서 좌절을 문제행동으로 표출하 는 아동의 경우에도 그 원인을 찾아 돕는 특별한 방법을 고안해야 할 것이다. 이외 에도 발달지체를 들 수 있는데, 특별한 장애로 낙인찍지 않고 보이는 문제행동을 우 선 지원할 필요가 있다.

〈조언〉

특별한 지원이 필요한 특수교육대상자

1. 시각장애
2. 청각장애

   3. 지적장애

   4. 지체장애

   5. 정서 · 행동장애

   6. 자폐성장애(이와 관련된 장애를 포함한다)

   7. 의사소통장애

   8. 학습장애

   9. 건강장애

   10. 발달지체

   11. 그 밖에 **대통령령**으로 정하는 장애

1. 시각장애

1) 「장애인 등에 대한 특수교육법 시행령」에서는 시각장애를 다음과 같이 정의하고 있다.

시각계의 손상이 심하여 시각기능을 전혀 이용하지 못하거나 보조공학기기의 지원을 받아야 시각적 과제를 수행할 수 있는 사람으로서 시각에 의한 학습이 곤란하여 특정의 광학기구 · 학습매체 등을 통하여 학습하거나 촉각 또는 청각을 학습의 주요 수단으로 사용하는 사람

[별표] 특수교육대상자 선정기준(제10조 관련)

   시각장애인의 행동문제는 비장애에 비해 그다지 심각하게 보이지는 않는다. 다만, 후천적 시각장애의 경우 적응을 위한 기간 동안 좌절로 인한 분노조절장애 등 문제행동을 고려할 필요가 있다. 시력의 어려움으로 인해 자극에 민감할 수 있고, 심한 경우 몸을 흔드는 상동행동과 눈을 자주 비비는 등의 문제행동을 주의 깊게 관찰하고 보편적 지원을 위해 관심을 기울일 필요가 있다. 단일 시각장애와 달리 자폐성장애와 중복된 형태를 보이거나 지적장애, 정서행동장애와 중복 형태를 보이는 경우에는 행동장애가 심각하게 나타날 수 있다.

2) 주 문제행동

① 눈 비비기
② 몸 흔들기 같은 상동행동
③ 화내기

〈문제중심학습〉

1. 시각장애인이 느끼는 분노에 대하여 조사해 봅시다.
   1) 팀 구성하기
   2) 경험 나누기
      – 눈 감고 걷기
      – 안대 쓰고 걷기
      – 케인 들고 걷기
      – 방해물을 옮겨 가며 걷기
   3) 보이지 않을 때 어떤 느낌인가 내용 탐색하기
   4) 매체에서 사례 찾기
   5) 토의하기
   6) 내린 결론 구성하기
   7) 성과 나누기
2. 도전행동 찾기
3. 대안 찾기

2. 청각장애

1) 「장애인 등에 대한 특수교육법 시행령」에서는 청각장애를 다음과 같이 정의하고 있다.

청력 손상이 심하여 보청기를 착용해도 청각을 통한 의사소통이 불가능 또는 곤란한 상태이거나, 청력이 남아 있어도 보청기를 착용해야 청각을 통한 의사소통이 가능하여 청각에 의한 교육적 성취가 어려운 사람
[별표] 특수교육대상자 선정기준(제10조 관련)

청각장애는 듣기에 불편함을 보이는 정도에 따라 보편적 지원이 필요하다. 조기에 와우각 수술이나 청능훈련을 통해 잔존청력을 활용한 지원을 아끼지 말아야 한다. 청각장애로 인한 문제행동은 비장애아동이나 별 차이를 보이지 않으므로 보편적 지원을 위한 전략을 세워야 한다. 다만, 청각장애와 중복장애를 보이는 정서행동장애, 자폐성장애, 지적장애 등의 경우, 행동문제를 복합적으로 보일 수 있으므로 전문적인 지원을 고려해야 한다.

2) 문제행동

① 소리를 듣기 위해 가까이 오기
② 큰 소리로 말하기
③ 화내기

〈문제중심학습〉

1. 청각장애인이 느끼는 분노에 대하여 조사해 봅시다.
   1) 팀 구성하기
   2) 경험 나누기

- 귀 막기
- 헤드폰 끼고 말하기
- 귀를 막았다가 떼기
- 10m 앞에서 말하기
- 물속에서 말하기
3) 들리지 않을 때 어떤 느낌인가 내용 탐색하기
4) 매체에서 사례 찾기
5) 토의하기
6) 내린 결론 구성하기
7) 성과 나누기
2. 도전행동 찾기
3. 대안 찾기

3. 지적장애

1) 「장애인 등에 대한 특수교육법 시행령」에서는 지적장애를 다음과 같이 정의하고 있다.

지적 기능과 적응상의 어려움이 함께 존재하여 교육적 성취에 어려움이 있는 사람
[별표] 특수교육대상자 선정기준(제10조 관련)

지적장애아동의 행동문제는 지나치게 많아서 문제가 되는 경우와 지나치게 결핍되어 생기는 문제행동, 그리고 발달이 나이에 못 미쳐서 보이는 문제행동으로 구분하여 도움을 줄 필요가 있다. 지적장애아동의 경우 세 유형 각각을 구분하여 도움을 주어야 한다.

지나치게 많아서 벌어지는 문제행동은 다른 사람의 말에 끼어들거나 차례를 기다리지 못하고 주장하는 행동 등이 이에 속한다. 지나치게 결핍되어 나타나는 대부분의 문제행동은 말을 하지 않거나 할 수 없을 때, 옷 입는 속도가 느리고 다른 사람의 도움

이 필요할 때는 전반적인 의존을 보이거나 무기력한 행동을 보이기도 한다. 지적장애아동에게 나타나는 행동문제는 발달이 나이에 못 미쳐서 나타나는 행동으로서, 이때는 선생님이나 가족의 입장에서는 아동의 행동문제를 전문적으로 지원할 지원체계를 찾는 것이 급선무다. 나이에 적합한 일상생활 기술을 과제분석하여 쪼개어 가르치는 것이 중요하다. 다음은 지적장애아동에게 자주 나타나는 행동문제다.

◆그림 1◆　손톱 물어뜯기를 보이는 아동

출처: https://youtu.be/Xpkr6r6DD8c

2) 문제행동

① 공격

② 자해

③ 상동행동

④ 파괴행동

⑤ 떼쓰기

⑥ 손톱 물어뜯기

⑦ 엄마에게 매달려서 떨어지지 않기

⑧ 끼어들기

⑨ 아무 때나 손들기

⑩ 고집 피우기

⑪ 옷 입으려고 하지 않기

⑫ 작게 말하기

⑬ 다른 사람 옷에 코를 묻히는 행동 같은 예의 없는 행동

⑭ 관심을 끌기 위해 낄낄거리고 웃는 행동

<문제중심학습>

1. 지적장애인이 느끼는 당황하는 행동을 조사해 봅시다.
   1) 팀 구성하기
   2) 경험 나누기
      - 외국인과 말하기
      - 전혀 모르는 영역의 직업인과 말하기
      - 싫어하는 사람 사이에서 말하기
      - 불편한 사람 사이에서 말하기
      - 모르는 사람과 사이에서 말하기
   3) 내용 탐색하기
   4) 매체에서 사례 찾기
   5) 토의하기
   6) 내린 결론 구성하기
   7) 성과 나누기
2. 도전행동 찾기
3. 대안 찾기

---

4. 지체장애

1) 「장애인 등에 대한 특수교육법 시행령」에서는 지체장애를 다음과 같이 정의하고 있다.

기능·형태상 장애를 가지고 있거나 몸통을 지탱하거나 팔다리의 움직임 등에 어려움이 겪는 신체적 조건이나 상태로 인해 교육적 성취에 어려움이 사람

[별표] 특수교육대상자 선정기준(제10조 관련)

지체장애인의 장애로 인한 분노행동은 쉽게 찾아볼 수 있다. 장애에 적응하기 위하여 많은 노력을 하는 동안 아동은 결핍에 대하여 심하게 좌절할 수 있다. 사회의 시선과 동료의 놀림에 대처하는 동안 고군분투하게 되는데 이때 선생님과 가족은 행동 초기에 개입하여 적절한 지원을 할 수 있어야 한다.

불안하고 공포스러워하는 사회적 상황에 점진적으로 노출하고, 용기 내어 하는 바람직한 적응행동에 대하여 칭찬과 격려를 아끼지 않아야 한다.

2) 문제행동

① 화내기
② 고집 피우기
③ 활동에 참여하지 않기
④ 말하지 않기

<문제중심학습>

1. 지체장애인이 느끼는 분노에 대하여 조사해 봅시다.
   1) 팀 구성하기
   2) 경험 나누기
   3) 휠체어에 앉아 걸을 수 없을 때 어떤 느낌인가 내용 탐색하기
   4) 매체에서 사례 찾기
   5) 토의하기
   6) 내린 결론 구성하기
   7) 성과 나누기
2. 도전행동 찾기
3. 대안 찾기

5. 정서 · 행동장애

1) 「장애인 등에 대한 특수교육법 시행령」에서는 정서 · 행동장애를 다음 과 같이 정의하고 있다.

장기간에 걸쳐 다음 각 목의 어느 하나에 해당하여 특별한 교육적 조치가 필요한 사람

가. 지적 · 감각적 · 건강상의 이유로 설명할 수 없는 학습상의 어려움을 지닌 사람
나. 또래나 교사와의 대인관계에 어려움이 있어 학습에 어려움을 겪는 사람
다. 일반적인 상황에서 부적절한 행동이나 감정을 나타내어 학습에 어려움이 있는 사람
라. 전반적인 불행감이나 우울증을 나타내어 학습에 어려움이 있는 사람
마. 학교나 개인 문제에 관련된 신체적인 통증이나 공포를 나타내어 학습에 어려움이 있는 사람

[별표] 특수교육대상자 선정기준(제10조 관련)

정서행동장애는 정서의 표출과정에서 일어나는 문제행동이 행동의 특성으로 나타난다는 점에서 행동치료에서 중요하게 고려해야 하는 장애다. 이 장애는 정서행동상의 원인으로 인하여 학습상의 어려움을 갖기 때문에 학령기 이후에는 주문제로 행동문제가 심각하게 대두된다. 이러한 문제로 인하여 또래나 교사와 문제행동이 일어나게 되어 학습에 어려움을 겪게 되므로, 조기에 개입하여 중재하는 것이 중요하다. 특히, 학교나 개인 문제와 관련된 어려움으로 신체적인 통증이나 공포를 나

◆그림 2◆ 엄마에게 심한 의존증을 보이는 아동

출처: https://www.youtube.com/watch?v=DYq_KYPEwkU

타내기 쉬우며, 이러한 원인은 조기에 개입하여 적극적으로 중재하는 것을 권한다.

정서행동장애아동 중 주로 나타나는 문제행동은 다음과 같다.

2) 문제행동

① 떼쓰기

② 도망가기

③ 아무 행동도 하지 않기

④ 부적절하게 울기

⑤ 부적절하게 웃기

⑥ 불안 행동으로 엄마에게 매달리기

⑦ 특정 공포증으로 활동 거부하기

⑧ 고집 피우기

⑨ 선택적 함구증으로 말하지 않기

⑩ 친구들과 싸우기

⑪ 선생님에게 대들기

⑫ 엄마에게 화내기

⑬ 욕설하기

⑭ 청개구리 행동

⑮ 다른 사람 앞에서 코를 푸는 것 같은 에티켓 없는 행동하기

〈문제중심학습〉

1. 정서행동장애아동이 느끼는 분노에 대하여 조사해 봅시다.

   1) 팀 구성하기

   2) 경험 나누기

   3) 우울할 때 느끼는 느낌은 어떤지 내용 탐색하기

   4) 매체에서 사례 찾기

   5) 토의하기

6. 자폐성장애(이와 관련된 장애를 포함한다)

1) 「장애인 등에 대한 특수교육법 시행령」에서는 자폐성장애를 다음과 같이 정의하고 있다.

사회적 상호작용과 의사소통에 결함이 있고 제한적이고 반복적인 관심과 활동을 보임으로써 교육적 성취 및 일상생활 적응에 도움이 필요한 사람
[별표] 특수교육대상자 선정기준(제10조 관련)

자폐성장애의 문제행동은 장애 유형 중에서도 가장 심각하다고 알려져 있다. 대부분 외모상 비장애아동과 별다른 차이를 보이지 않고 발달하다가 눈을 마주치지 않거나 들어도 못 듣는 것처럼 보이기도 하고, 자주 잃어버리는 문제를 호소하면서 언어발달이 느리고 심한 떼를 쓰는 등의 행동통제가 어려워 병원을 찾으면서 인식된다. 자폐성장애를 인식하고도 별다른 치료기관이 없고 많은 시간을 대기해야 하면서, 부모의 스트레스가 가중되는 장애다.

자폐성장애는 조기에 발견하여 행동문제를 조절하도록 가족지원을 적극적으로 해야 한다. 이러한 행동개입은 향후 다른 발달로 문제행동이 확산되는 것을 막고, 적극적인 발달행동을 늘리는 데 도움을 줄 수 있으므로, 지역사회와 연계하여 행동치료, 특수교육 등 적극적인 개입과 부모교육을 병행하여 지원하도록 한다. 자폐성장애에게 주로 나타나는 문제행동은 다음과 같다.

2) 문제행동

① 공격행동
② 자해행동
③ 떼쓰기
④ 상동행동
⑤ 파괴행동
⑥ 돌아다니기
⑦ 도망가기

〈문제중심학습〉

1. 자폐성 장애인이 느끼는 분노에 대하여 조사해 봅시다.
   1) 팀 구성하기
   2) 경험 나누기
   3) 내용 탐색하기
   4) 매체에서 사례 찾기
   5) 토의하기
   6) 내린 결론 구성하기
   7) 성과 나누기
2. 도전행동 찾기
3. 대안 찾기

7. 의사소통장애

1) 「장애인 등에 대한 특수교육법 시행령」에서는 의사소통장애를 다음과 같이 정의하고 있다.

다음 각 목의 어느 하나에 해당하여 특별한 교육적 조치가 필요한 사람

가. 언어의 수용 및 표현능력이 인지능력에 비하여 현저하게 부족한 사람
나. 조음능력이 현저히 부족하여 의사소통이 어려운 사람
다. 말 유창성이 현저히 부족하여 의사소통이 어려운 사람
라. 기능적 음성장애가 있어 의사소통이 어려운 사람
[별표] 특수교육대상자 선정기준(제10조 관련)

의사소통장애는 말을 이해하지 못해서 생기는 문제와 말을 이해하지만 표현하기 어려워 보이는 문제행동, 그리고 눈치가 없거나 함축된 의미를 파악하는 데 어려움을 보이는 형태의 문제행동에 따라 다른 전략을 세워 행동치료를 진행한다. 대부분의 경우 말귀를 이해하지 못한 상태로 지시를 하게 되면 짜증을 부리거나 의사소통이 어렵기 때문에 보이는 문제행동을 보인다. 아동의 언어이해 수준을 정확하게 파악하고, 수준에 맞는 지시를 하여 문제행동의 관련성을 분석하여 돕도록 한다. 말을 표현하기 어려워서 보이는 문제행동은 말을 사용할 수 있는 기회를 제공하면서 행동치료 개입을 하도록 한다. 싫은지, 하고 싶은지, 선택하고 싶은지를 분석한 후에 필요하다면 보조기기 등의 도구를 사용하거나 문장카드를 사용한 의사소통판을 고려할 필요가 있다. 의사소통 문제로 생기는 문제행동은 다음과 같다.

2) 문제행동

① 떼쓰기
② 고집 부리기, 화내기

〈문제중심학습〉

1. 의사소통 장애인이 느끼는 분노에 대하여 조사해 봅시다.
   1) 팀 구성하기
   2) 경험 나누기
   3) 내용 탐색하기
   4) 매체에서 사례 찾기
   5) 토의하기
   6) 내린 결론 구성하기
   7) 성과 나누기
2. 도전행동 찾기
3. 대안 찾기

8. 학습장애

1) 「장애인 등에 대한 특수교육법 시행령」에서는 학습장애를 다음과 같이 정의하고 있다.

개인의 내적 요인으로 인하여 듣기. 말하기. 주의집중. 지각. 기억. 문제해결 등의 학습기능이나 읽기. 쓰기. 수학 등 학업성취 영역에서 현저하게 어려움이 있는 사람
[별표] 특수교육대상자 선정기준(제10조 관련)

학습장애는 학령기 용어로 발달지연이나 특정 발달에 지연이 있는 경우 지원체계를 가질 필요가 있다. 주의력결핍 과잉행동장애의 경우 많은 경우 학습장애로 가는 경로임을 고려하여 초기 개입이 중요하다. 산만한 행동이나 부주의, 충동적인 행동을 조절하도록 한다. 충동적으로 반응하여 지시에 응하지 않거나 응한다 하더라도 끝까지 듣는 기능이 취약할 수 있다. 행동문제를 고려하여 규칙 따르기, 산만한 행동 조절, 부주의한 행동을 조절하여 향후 있을 학습문제에 대비할 필요가 있다.

의사소통 문제로 인한 학습장애의 경로 또한 조기에 개입하여 지원할 필요가 있다. 말귀를 알아듣도록 반복하여 도움을 주도록 하고, 문자언어 소통, 읽기, 셈하기 등의 조기 발달개입은 향후 심각해질 수 있는 문제행동을 조기에 예방하는 효과를 가질 수 있다. 다음은 학습장애아동에게 나타날 수 있는 문제행동이다.

2) 문제행동

① 지시 순응 안 하기
② 산만한 행동
③ 충동적인 행동
④ 규칙에 따르지 않는 행동
⑤ 고집 부리기
⑥ 공부를 하지 않으려는 행동

〈문제중심학습〉

1. 학습장애인이 느끼는 분노에 대하여 조사해 봅시다.
   1) 팀 구성하기
   2) 경험 나누기
   3) 내용 탐색하기
   4) 매체에서 사례 찾기
   5) 토의하기
   6) 내린 결론 구성하기
   7) 성과 나누기
2. 도전행동 찾기
3. 대안 찾기

9. 건강장애

1) 「장애인 등에 대한 특수교육법 시행령」에서는 건강장애를 다음과 같이 정의하고 있다.

만성질환으로 인하여 3개월 이상의 장기입원 또는 통원치료 등 계속적인 의료적 지원이 필요하여 학교생활 및 학업수행에 어려움이 있는 사람

[별표] 특수교육대상자 선정기준(제10조 관련)

건강장애아동은 학령기에 유급이 되면 졸업에 문제가 있으나 학령기 이전에는 학교생활에 크게 영향을 받지 않는다. 그것보다도 질환으로 인한 고통을 줄이기 위한 다양한 통증 완화 기술이 중요해 보인다. 건강장애를 지닌 아동의 경우 병원을 자주 방문해야 하거나 처방대로 약물을 복용해야 하는 등의 일상생활 가운데 겪을 가족의 스트레스는 매우 극심하다. 건강문제로 인하여 까다로운 기질의 아동에게 나타나는 짜증 부리기, 신경질 내기, 화내기, 의사의 처방 무시하기 등의 문제를 완화하도록 해야 한다. 보편적 지원을 돕기 위하여 비장애학생에게 나타나는 문제행동의 완화 기술을 적용하되, 강도가 높은 경우 거점행동치료실을 추천받아 병행하는 것이 가족지원에 유리하다.

2) 문제행동

① 의사 처방 무시하기
② 신경질 내기
③ 짜증 내기
④ 화내기

〈문제중심학습〉

1. 건강장애인이 느끼는 분노에 대하여 조사해 봅시다.
   1) 팀 구성하기
   2) 경험 나누기
   3) 내용 탐색하기
   4) 매체에서 사례 찾기
   5) 토의하기
   6) 내린 결론 구성하기
   7) 성과 나누기
2. 도전행동 찾기
3. 대안 찾기

10. 발달지체

1) 「장애인 등에 대한 특수교육법 시행령」에서는 발달지체를 다음과 같이 정의하고 있다.

신체, 인지, 의사소통, 사회 · 정서, 적응행동 중 하나 이상의 발달이 또래에 비하여 현저하게 지체되어 특별한 교육적 조치가 필요한 영아 및 9세 미만의 아동
[별표] 특수교육대상자 선정기준(제10조 관련)

발달지체는 뚜렷하게 진단명을 붙이지 않고도 장애의 가능성을 염두에 두고 예방하고 촉진한다는 의미에서 학령기 이전의 지원에 매우 중요한 의미를 갖는 장애 유형이다. 이 장애는 각 영역에서 지연을 보이기 때문에 현재 수행수준을 파악하는 것이 급선무다. 아동의 문제행동 측면을 고려하기 위하여 사회성숙도 검사나 덴버 검사, 게젤 발달 검사 등을 통하여 발달지체의 정도를 파악한다. 발달이 지체되어 갖는 의사소통 지연으로 인한 행동문제나 사회성 발달이 어려워 보이는 결핍으로 인

한 행동문제를 파악하도록 한다. 전반적으로 미성숙으로 인한 행동문제는 바람직한 행동을 늘리는 행동형성과 과제분석 기법을 통하여 과제를 쉽게 구성해 주어 좌절로부터 문제를 예방할 수 있도록 한다. 발달지체로 인한 문제행동은 다음과 같다.

2) 문제행동

① 떼쓰기
② 공격
③ 자해
④ 말 안 하기

〈문제중심학습〉

1. 발달지체아동이 느끼는 분노에 대하여 조사해 봅시다.
   1) 팀 구성하기
   2) 경험 나누기
   3) 내용 탐색하기
   4) 매체에서 사례 찾기
   5) 토의하기
   6) 내린 결론 구성하기
   7) 성과 나누기
2. 도전행동 찾기
3. 대안 찾기

행동치료가 필요한
이유는 무엇인가

그렇다면 행동치료가 필요한 이유는 무엇일까? 다시 말하면, 왜 문제행동을 보이며, 왜 행동치료가 필요한가를 생각해 보아야 한다. 문제행동이 그 행동을 보이는 아동의 관점에서 보면 효과적이기 때문이다. 응용행동분석에서는 행동을 분석하여 실생활에 적용할 수 있는 기술을 강조하고 있다.

문제행동의 기능은 어떤 좋은 것을 얻기 위해 보일 수도 있고, 하고 싶지 않은 것을 피할 수 있기 때문에 효과적이다.

좋은 것을 갖고 싶거나 좋은 활동을 하기 위하여 아동은 문제행동을 보인다. 혹은 관심을 끌고 싶어서 문제행동을 보이기도 한다. 또 다른 이유로는 특별한 이유 없이 음악을 듣거나 소리를 듣고 싶기도 하고, 특정 감각을 얻고자 문제행동을 보이기도 한다.

싫은 것을 피하고 싶어 문제행동을 보이는 수도 있다. 어떤 자극이 싫어서 문제행동을 보이기도 하고 특정 활동을 하기 싫어서 문제행동을 보일 수도 있다. 놀이가 싫어서 놀자고 다가오는 친구를 보고 화를 내는 아동이 있을 수도 있고, 숙제가 싫어서 학습지를 찢는 행동이 이에 속한다. 또 다른 이유로는 사회적인 상황이 싫어서 피하기 위해 문제행동을 보이기도 한다. 남 앞에 나서기 싫은 아동에게 심부름을 하라고 했더니, 화를 내고 우는 경우가 이에 속한다. 이외에도 특정한 감각이 싫어서 문제행동을 보이기도 한다. 어떤 소리나 냄새가 싫어서 화를 내는 행동이 대표적인 증상이다.

대체적으로 문제행동의 원인은 관심 끌기 등의 사회적 원인, 표현하고 싶은데 말을 사용할 수 없어서 생기는 의사소통 원인, 아직 발달이 이루어지지 않았는데 발달보다 높은 과제를 이행해야 하거나 미성숙 자체가 원인이 되는 미성숙 원인, 심심하면 벌어지는 놀이기술 결여 원인으로 설명하곤 한다.

결국 행동치료가 필요한 이유는 원인을 진단하여 그 원인에 맞는 처방을 해야 효과적이라는 것이다.

가족들이 호소한 문제행동은 다음과 같다.

〈공격행동〉
① 때리기
② 할퀴기
③ 꼬집기
④ 물기
⑤ 발로 차기
⑥ 물건으로 찌르기
⑦ 물건으로 치기

〈자해행동〉
① 머리 박기
② 때리기
③ 물기
④ 찌르기
⑤ 할퀴기
⑥ 반복적으로 토하기

〈파괴행동〉
① 던지기
② 흐트러뜨리기
③ 찢기
④ 방해를 의도로 가위로 마구 자르기
⑤ 깨뜨리기 등 물건 파손하기

〈자기자극 행동〉
① 손 자극
② 몸 자극
③ 빙글빙글 돌아가는 물건 들여다보기 등의 감각적 자극
④ 눈 자극
⑤ 몸을 제자리에서 빙글빙글 돌리기
⑥ 소파에서 깡충깡충 뛰기
⑦ 고개 흔들기
⑧ 음성상동행동

〈떼쓰기 행동〉
① 울기
② 자해를 동반한 떼쓰기
③ 공격을 동반한 떼쓰기

〈물건 집어먹기〉
① 입에 대기
② 먹을 수 없는 것을 발달 나이에 맞지 않게 먹기

〈배변 실수〉
① 소변 실수
② 대변 실수

③ 부적절한 자세로 배변하기

〈편식〉
① 특정 음식만 골라 먹기
② 음식 거부하기
③ 지나치게 먹기

〈떼쓰고, 고집부리는 행동〉
① 이해하기 어려울 때 부리는 고집 부리기
② 상황에 관계없이 보이는 고집 부리기
③ 지시와 반대로 행동하는 청개구리 행동

〈불안해하거나 공포스러워하는 행동〉
① 특정 대상에 불안해하거나 공포를 보이기
② 특정 장면에서 불안해하거나 공포를 보이기
③ 분리되거나 예상될 때 심하게 불안해하기
④ 특정한 장소에서 심하게 불안해하기

〈자위행동〉
① 손으로 만지는 행동
② 가구에 문지르는 행동

〈손가락 빨기〉
① 심심할 때
② 불안할 때

〈손톱 물어뜯기〉
① 심심할 때
② 불안할 때

〈머리카락 뜯기〉
① 심심할 때
② 불안할 때

〈아무것도 안 하려고 하기〉
① 말
② 씻기
③ 먹기
④ 외출하기
⑤ 학습하기

〈의존하기〉
① 부모, 형제에게 해달라고 하기
② 친구에게 해달라고 하기
③ 습관적으로 못하겠다고 말하고 해달라고 요구하기
④ 하는 시늉만 하고 나머지를 포기하기
⑤ 으레 해 주겠거니 하고 시도하지 않기

〈하고 싶을 때 하고 싶은 것만 하기〉
① 때와 장소를 가리지 않고 먹고 싶은 것만 먹기
② 입고 싶은 옷만 입기
③ 가고 싶은 곳만 가기

〈에티켓 없는 행동〉
① 차례를 기다리지 않고 새치기하기
② 아무 곳에서나 코를 풀거나 불쾌한 행동을 아무렇지도 않게 하기
③ 수업시간만 되면 화장실 가기
④ 여럿이 있는 자리에서 먹고 싶은 것만 골라먹기
⑤ 음식을 앞에 두고 킁킁거리거나 냄새 맡기

⑥ 여러 사람 앞에서 큰 소리 내어 웃거나 떠들기

⑦ 머리를 툭툭 치거나 옷을 잡아 다니는 행동으로 다른 사람을 괴롭히기

⑧ 다른 사람을 조롱하거나 웃음거리로 만들기

⑨ 대화 중 휴대전화를 보거나 다른 곳을 바라보기

⑩ 노크 없이 문을 열거나 남의 물건을 허락 없이 가져가기

<조언>

▶ 행동치료를 위한 사례연구

– 기록 번호, 기록자, 기록일, 면담일

– 장소(면담 장소 특성, 크기, 공간 배치, 면담 위치, 면담한 사람, 면담 아동 등)

1. 대상 아동 정보(성명, 생년월일, 성별, 가계도, 아동과 의미 있는 사람)

2. 대상 아동의 주문제(호소하는 문제 전체 자세한 기록)

3. 목표행동(여러 문제 중 목표하는 행동문제)

4. 발달력(몸무게, 웃기, 옹알이, 첫 단어, 두 단어, 첫 문장 등 수용 및 표현언어, 걷기, 뛰기 등 대근육 운동발달, 가위질, 젓가락 사용 등 소근육 운동, 친구와 놀기, 소꿉놀이, 규칙 지키기 등 사회성 발달, 웃기, 화 다스리기 등 정서적 발달, 행동문제 내력)

5. 교육력(홈스쿨, 어린이집, 유치원, 학교, 학원 등 교육력 전반)

6. 특별한 건강문제(알레르기, 질병, 약 복용 내력, 진단력 등)

7. 식습관(편식, 특별히 좋아하는 음식, 특별히 싫어하는 음식, 몸무게 등)

8. 문제행동 중재

  1) 행동 중재 전 문제행동 빈도, 정도, 유형의 조작적 정의

  2) 중재

  3) 일반화 및 유지

  4) 보상물 찾기

9. 기록

  1) 빈도

  2) 지속시간

  3) 강도

  4) 지연시간

  5) 스마트 기기 사용하기

  6) 신뢰도 기록

  7) 엑셀로 그리기

  8) 복잡한 그래프 그리기

  9) 여러 문제행동 관찰하여 우선순위 그리기

  10) 동기별 행동 관찰 후 표 그리기

행동치료가 필요한
문제행동은 무엇인가

> **제24조(재활 및 발달지원)** ① 국가와 지방자치단체는 발달장애인의 자신의 장애에도 불구하고 잠재적인 능력을 최대한 계발할 수 있도록 발달장애인에게 적절한 재활치료와 발달재활서비스 등을 제공하도록 노력하여야 한다.
>
> ② 보건복지부장관은 발달장애의 원인규명과 치료 및 행동문제 등의 완화를 위한 연구 및 의료지원체계를 구축하여야 한다.
>
> ③ 국가와 지방자치단체는 발달장애인의 특성과 요구에 맞는 체계적이고 효율적인 의료지원을 위하여 발달장애인 거점병원을 지정할 수 있다.
>
> ④ 국가와 지방자치단체는 자해·공격 등 행동문제로 인하여 일상생활에 곤란을 겪는 발달장애인을 전문적으로 지원하기 위하여 대통령령으로 정하는 바에 따라 행동발달증진센터를 설치·운영할 수 있다.
>
> ⑤ 국가와 지방자치단체는 예산의 범위에서 제1항부터 제4항까지의 사업을 수행하는 데 필요한 경비의 전부 또는 일부를 지원할 수 있다.
>
> ⑥ 제3항에 따른 거점병원의 지정 및 제4항에 따른 행동발달증진센터의 설치·운영 등에 필요한 사항은 보건복지부령으로 정한다.
>
> 출처:「발달장애인 권리보장 및 지원에 관한 법률」

모든 문제행동을 치료할 필요는 없다. 한 아동에게 많은 문제행동이 있을 수도 있고, 어떤 경우는 하나의 문제행동의 반향이 너무 커서 활동이 어려울 수도 있다. 행동치료를 할 때는 이 문제 중 하나를 골라 집중적으로 개입하는 것이 효과적이다. 흔히 목표행동이라고 한다. 목표행동을 정할 때는 우선순위를 정하게 되는데, 이때 중요하게 고려해야 하는 것은 아동이 다른 사람에게 해를 주는 행동이 먼저 치료되어야 한다. 다른 사람을 해하는 행동은 사회성 개발에 치명적이기 때문이다. 다음으로는 자신에게 해가 되는 행동이다. 이러한 행동을 수정한 이후에 사회적으로 수용하는 행동을 배우게 되면 사회성 개발을 동시에 할 수 있는 장점이 있다. 또한, 이 행동이 변화된다면 다른 활동에도 변화될 여지가 많은지를 살펴본다. 이 행동이 얼마나 지속되어 문제를 일으켜 왔으며, 학생의 발달에 방해를 일으켜 왔는지를 확인하고, 이 행동이 조절된다면 다른 사람으로부터 부정적인 평가는 줄어들고 긍정적인 보람을 주는지를 면밀히 분석하고, 경비 등을 고려하여 전략을 세울 필요가 있다.

목표행동의 우선순위를 정할 때 고려해야 할 사회적 가치성 판단기준은 다음과 같다.

① 실생활에서 자연스럽게 강화될 가능성
② 상위 행동의 습득에 필요한 정도
③ 다양한 학습기회를 제공받을 가능성
④ 학생에게 영향력을 줄 수 있는 사람과의 긍정적 상호작용을 이끌 가능성
⑤ 새로운 행동을 배울 가능성
⑥ 생활연령의 적합성
⑦ 문제행동과 기능의 일치성
⑧ 최종 목표의 일치성
⑨ 동적인 행위의 정도
⑩ 최종 목표를 위한 행동의 구체성

목표행동이 세워지면, 누구나 알 수 있도록 조작적 정의를 하고, 행동의 빈도, 지속시간, 지연시간, 어느 위치에서 일어난 일인지, 어떤 양상으로 문제행동을 보이는지, 문제행동의 강도는 얼마나 강한지를 정하여 과학적이고 체계적인 접근을 시도해야 한다.

행동목표를 세울 때는 학습자, 행동, 조건, 기준에 따라 관찰 가능하고 측정 가능한 행동 용어로 긍정적 진술을 하는 것을 잊지 말아야 할 것이다.

비장애냐 장애냐를 막론하고, 그 행동으로 인해, 가지고 있는 잠재력에 심하게 손상되는 학습이나 일상 활동이 있다면, 행동치료의 목표행동이 되는 것이다. 목표행동을 세울 때 고려해야 할 우선순위는 다음과 같다.

① 이 행동은 자신이나 타인에게 위험한 행동인가?
② 이 행동이 변화된다면 활용할 기회가 많은가?
③ 이 행동이 얼마나 오래 지속되어 왔는가?
④ 이 행동이 향상되면 지금보다 더 많은 강화의 기회가 제공될 것인가?
⑤ 이 행동은 학생의 행동발달과 독립성 증진에 중요한가?
⑥ 이 행동이 개선되었을 때 타인으로부터 불필요한 부정적 관심을 줄일 수 있는가?
⑦ 이 행동이 향상되면 학생 주위의 중요한 인물들에게 기쁨을 주거나 보람을 느끼게 할 수 있는가?
⑧ 이 행동은 성공적으로 변화시킬 가능성이 높은가?
⑨ 이 행동지원에 비용이 적게 드는가?

결국, 목표행동을 정할 때는 사회적 가치를 면밀히 살펴 우선순위를 정하고, 아동의 삶의 질을 고려할 수 있도록 한다. 특히, 비용을 고려하여 경제성을 확보하고, 하나의 행동치료가 다른 행동에도 영향을 미칠 수 있는 일반화를 고려하되, 생활연령과 일치하여 제공하여 효과성을 찾는 것이 관건이다. 이는 곧 다른 사람과의 상호작용을 촉진하게 되고 자연스러운 환경에서 지속성 있게 유지될 수 있게 되어, 최소의 노력에 최대의 효과를 갖게 되는 경제효과를 가질 수 있기 때문이다.

〈문제중심학습〉

▶ 목표행동의 우선순위를 고려하여 자신의 문제행동을 분석해 봅시다.

1) 팀 구성하기

2) 모든 문제행동 찾기

3) 우선순위를 고려하여 우선 개입해야 하는 문제행동 설정하기

4) 다른 사람의 문제행동 분석하기

5) 문제행동 조정하기

6) 토의하여 우선순위에 맞는 행동문제에 대한 개입 전략 세우기

7) 성과 나누기

8) 효과적인 프레젠테이션

제5장

행동치료는
누가 하는가

제28조(특수교육관련서비스) ① 교육감은 특수교육대상자와 그 가족에 대하여 가족상담 등 가족지원을 제공하여야 한다.

② 교육감은 특수교육대상자가 필요로 하는 경우에는 물리치료, 작업치료 등 치료지원을 제공하여야 한다.

출처: 「장애인 등에 대한 특수교육법」

국내에서도 「발달장애인 권리보장 및 지원에 관한 법률」이 2017년도부터 시행되어 행동치료 거점병원이 세워지고 있다. 다행한 일이다. 각 지역에 설치된 병원의 행동치료실의 정보를 찾고 필요한 경우 정부지원을 받아 전문적인 행동치료를 받도록 한다.

교실에서의 행동치료는 마땅히 잘 훈련받은 특수교사가 할 일이다. 행동장애가 심각하다면, 임상 현장에서 행동치료는 훈련받은 다양한 인력들을 통해 서비스를 받으면 된다. 그러나 대부분의 행동문제는 심각한 행동치료가 필요한 문제행동보다는 사소하지만 일반화시키고 유지시켜야 할 많은 문제로 어려움을 겪고 있다. 따라서 특수교사, 행동치료사, 심리학자, 물리치료사, 작업치료사, 언어치료사들과 가족들이 협력하는 것이 효과적이다. 특히, 일반유아교육기관이나 보육기관에서 매일의 일상 가운데 벌어지는 문제행동을 그때마다 행동치료실을 찾기에는 현실적으로 불가능하다. 따라서 일반유아교육기관 선생님들이나 가족을 지원하여 널리 도와주는 것이 현실적이고 실제적 전략이다.

이 책은 가족이 가정 안에서 문제행동을 다루는 법을 익히고, 전문인이 개입하여 소거된 문제행동을 더 이상 일어나지 않도록 일반화하고, 유지시키는 목표가 있다. 따라서 쉽고 명백하게 교육받아서 도울 수 있는 부모, 형제, 예비교사, 어린이집 교사, 유치원 교사 등이 그 대상이 된다. 긍정적 행동지원에서는 예방, 생태학적 접근, 종합적 평가, 팀 협력을 강조하고 있다.

인간행동은 복잡하고 셀 수 없이 다양한 동기로 쌓여 있다. 문제행동 또한 그 동기가 무수히 많고, 원인이 다양하여 한 가지 행동만을 가지고 도울 수 없다. 긍정적인 행동지원의 철학은 예방을 강조하고, 체계적으로 역할을 수행하도록 돕는다. 이러한 철학적 맥락을 유지하고 돕기 위해서는 보편적 지원, 소그룹 지원, 집중 지원의 세 가지 틀을 가지고 돕는 기관 수준의 긍정적 행동지원의 형식을 가지고 참조하면 도움이 될 수 있다.

1. 보편적 지원

유치원이나 어린이집, 복지관 등 일반교육기관의 행동장애는 보편적 지원을 통해 도움을 줄 수 있다. 아동의 행동문제를 발견하면 1차적으로 유아교육기관에서 규칙을 주어 예방적 차원의 접근을 통해 도움을 줄 수 있다.

규칙 따르기의 대표적인 프로그램은 일반교육과정을 따르면 된다. '지각하지 않는다', '약속을 지킨다', '차례를 지킨다', '노크하고 안에서 소리가 나지 않을 때 문을 연다', '친구의 말을 가로채지 않고 끝나고 나면 말한다' 등의 예의와 인성교육 프로그램을 참조하는 것이 도움이 될 수 있다. 이밖에도 인권교육을 통해 '다른 사람의 권리를 침해하지 않는다', '큰 소리로 말하지 않는다', '다른 사람을 괴롭히지 않는다', '놀리지 않는다', '조롱하지 않는다', '비난하지 않는다' 등의 예방적 차원의 프로그램은 다양하게 제공될 수 있다.

보편적 지원에 필요한 인력은 부모뿐 아니라, 원장 선생님, 담임 선생님, 행정실 선생님, 운전기사 아저씨, 슈퍼마켓 사장님, 세탁소 아저씨 등으로 확대하여 다양한 인력이 개입할 수 있다.

2. 소그룹 지원

보편적 지원을 통해 도움을 주었는데도 문제행동을 예방할 수 없다면 전문적인 지원이 필요한 증상이 있을 것이다. 문제행동이 유사한 아동을 2~3명씩 묶어서 소집단으로 지원하는 것인데, 이를 위해서 지역사회에는 도움을 제공할 다양한 기관과 서비스가 있다. 우선 각 지역에 있는 교육지원청 특수교육지원센터에 문의하여 도움을 받을 기관을 찾는 것이 급선무다. 물론 유아교육기관에서 특별히 관심을 두어 예방하고 중재할 수 있다면 가장 좋은 방법이다. 하지만 대부분의 경우 전문적인 지원이 필요한 정도의 문제행동의 빈도나 강도로 어려움을 겪고 있을 것이다. 이때는 행동치료 거점병원이나 지역사회 복지관, 클리닉 등을 통해 유아교육기관에서 도움을 줄 방법을 찾거나 지역사회 안에서 방과 후에 도움을 줄 수 있는 기관을 찾도록 한다. 순회 특수교사에게 의뢰하여 소집단으로 구성된 학급을 운영하여 그룹 행동치료를 제공하는 것도 고려할 만하다.

소그룹 지원을 위해 필요한 인력은 특수학급에 배치된 특수교사, 교육지원청 순회 특수교사, 재활전문기관 행동치료사 등이 일부 개입할 수 있으며, 유아교육기관의 선생님 중 통합교육 훈련을 받은 인력 등을 포함한다.

3. 집중적 지원

심한 공격행동이나 자해 행동 등은 일반교육기관이나 가정에서 해결하기에는 역부족이다. 집중적 지원을 위해서는 전문가가 소속되어 있는 행동치료실을 찾도록 돕는다. 유아특수학교, 특수학급이 설치된 일반유아교육기관, 일반유아교육기관에 특수학급을 설치하여 자격 있는 행동치료 전문가를 배치하는 것을 고려할 수 있다. 가능하면 지역사회 거점병원을 찾아 행동치료를 적극적으로 받고 일반화를 위한 전략을 고려한다. 이때는 유아교육기관의 선생님과 특수교사 간의 유대감이 중요하다. 집중적인 치료전략에 따라 응급치료를 진행하고 어느 정도 완화되어 지역사회에 일반화할 수 있을 때 가정이나 기관의 일반적 지원에 개입하도록 한다.

<효과적인 액션러닝>

▶ 「장애인 등에 대한 특수교육법」의 특수교육관련서비스 조항을 찾아 적어 봅시다.

예) 2. '특수교육관련서비스'란 특수교육대상자의 교육을 효율적으로 실시하기 위하여 필요한 인적 · 물적 자원을 제공하는 서비스로서 상담지원 · 가족지원 · 치료지원 · 보조인력지원 · 보조공학기기지원 · 학습보조기기지원 · 통학지원 및 정보접근지원 등을 말한다.

▶ 「장애인 등에 대한 특수교육법 시행령」

▶ 「장애인 등에 대한 특수교육법 시행규칙」

초기 정상발달이란
무엇인가

행동치료를 이해하기 위해서는 무엇이 치료 대상인가를 먼저 확인해야 한다. 왜냐하면 어떤 행동은 치료가 필요하고, 어떤 행동은 그냥 두어도 자연적으로 없어지는 행동인지를 판단해야 하기 때문이다.

보통 문제행동의 이유는 사회적 원인, 의사소통 원인, 미성숙 원인, 놀이기술 결여 원인으로 설명하고 있다.

이 중 초기 발달기는 영아기와 걸음마기, 학령전기를 말하는데, 이 시기는 중요한 운동발달, 언어발달, 인지발달, 사회성 발달 등이 이루어져, 일상생활이 가능한 시기다. 행동치료 관점에서도 이 시기는 중요하다.

인간의 초기 발달을 수정부터 강조하는 것은 장애로 인한 행동문제를 살펴보아야 하기 때문이다. 태어나기 이전 영양관리나 정서적인 관리, 약물, 질병에 대한 관리 등 산전관리의 중요성은 아무리 강조해도 지나치지 않는다. 태어나는 과정에서 있을 수 있는 가능성을 차단하는 것이 중요하다. 이를 위해서는 산전관리를 통해 보건소, 병원 등의 주치의와 의논하는 문화가 절실하다.

발달에 대해서는 여러 의견이 있겠지만, 대체적으로 수정된 순간부터 사망까지의 전 생애에 걸친 인간행동의 변화로 정의할 수 있다. 인간발달은 대체적으로 다음과 같이 분류한다.

① 태아기: 임신에서 출산까지
② 영아기와 걸음마기: 태어나서 2세까지
③ 학령전기: 2세부터 6세까지 입학 전 시기
④ 아동 중기: 6세부터 12세까지
⑤ 청소년기: 12세부터 20세까지
⑥ 성인 초기: 20세부터 40세까지
⑦ 중년기: 40세에서 65세까지
⑧ 노년기: 65세 이상이다.

초기 발달 검사를 이해하기 위해서는 국내에서 표준화되고 실제로 현장에서 사용하고 있는 덴버 검사나 게젤 검사를 활용하여 보건소나 소아과에 방문하여 아동의 현재 발달 상황을 점검할 필요가 있다. 초기 발달을 위한 대표적인 아동발달은 다음을 참조할 수 있다.

1. 운동발달

운동발달은 운동기능에 따라 행동문제의 범위와 유형이 달라질 수 있기 때문에 아동 개개인의 운동발달의 정도를 파악하는 것이 중요하다. 누워 있는 아기의 문제가 악을 쓰고 우는 정도라면, 아장아장 걷기가 가능한 유아는 온 집안을 돌아다니면서 문제행동을 벌일 수 있기 때문에 운동발달이 문제행동에 영향을 미친다는 것은 쉽게 이해할 수 있을 것이다. 걷고 뛰고 자전거를 타는 운동발달이 가능하다면, 문제행동을 치료하기 위해 바람직한 행동을 찾아내는 과정 또한 아동의 발달을 고려해야 한다. 문제행동의 원인 중 발달상 미성숙으로 인한 경우, 발달을 촉진하고 가르치기 위하여 노력하는 것이 선행되어야 할 것이다.

초기 정상운동발달의 규준은 다음과 같다.

기술	시기
배를 대고 엎드린 채로 90° 들기	3.2개월
구르기	4.7개월
받치고 앉기	4.2개월
도움 없이 앉기	7.8개월
붙잡고 서기	10개월
기기	9개월
붙잡고 걷기	12.7개월
짝짜꿍 놀이	15개월
잠시 동안 혼자 서기	13개월
혼자서 잘 서기	13.9개월
잘 걷기	14.3개월
2개의 적목으로 탑 쌓기	19개월
걸어 올라가기	22개월
공을 앞으로 차기	14개월

2. 인지발달

인지발달은 아동의 세상을 향한 이해 정도가 문제행동의 원인이 될 수 있기 때문에 중요하다. 인지는 보고, 듣고, 냄새 맡고, 맛 보고, 손으로 만지는 감각의 과정을 이해하는 과정이므로, 어느 과정에서 어려움이 있는지를 판단해야 한다. 각각의 감각을 해석하는 지각과정과 대상영속성의 발달, 기억능력, 정보처리능력, 개념 습득 정도에 따라 상황을 이해하고, 추론하는 과정의 차이를 보이므로, 바람직한 행동을 돕기 위해 아동의 인지 이해능력을 파악하는 과정이 선행되어야 한다.

인지발달의 규준은 다음과 같다.

기술	시기
시각적 주의집중	6개월
응시하기	18개월
따라 보기	15개월
대상항구성	21개월
읽기−그림 쳐다보기	8개월
−물체와 그림 짝짓기	14개월
−그림의 여러 부분을 선택적으로 보기	16개월
−친숙한 그림 이름 말하기	18개월
−그림에서 동작 구별하기	30개월
경청하기−그림책 읽기 요구하기	18개월
−50단어 포함 15분 집중하기	30개월
색−사물의 같은 색 짝짓기(자발적)	28개월
−듣고 상자에서 두 가지 색 집어내기	30개월
형태−사물의 모양대로 찾기	9개월
−원, 네모, 세모, 마름모 중 1:2로 제시할 때 찾기	28개월
분류−사물	30개월
짝짓기−1:1 대응	30개월
크기−분류	27개월
− 크기 지적	28개월

3. 사회성 발달

　사회성 발달은 문제행동의 중요한 원인 중 하나다. 사회성은 타인과의 관계에서 이루어지므로, 아동이 다른 사람을 이해하고, 관계를 맺는 능력을 파악하는 것이 선행되어야 한다. 자신이 누구인지를 아는 자아의 인식을 비롯하여 독립심을 갖기 위한 자율감을 습득하는 과정에서 부적절한 문제행동이 없는지를 살펴야 할 것이다. 놀이는 다른 사람과의 관계를 이해하고, 다른 사람의 마음을 파악해야 하기 때문에, 떼를 쓰거나 화를 내어 문제해결을 하는 과정보다 서로 간 예의 있게 행동하는 것이 더 놀기에 적절하다는 것을 아동에게 알려줄 필요가 있다.

　문제행동치료에 앞서 아동이 흥미로워하는 놀이를 파악하고, 게임 규칙을 익히도록 하여, 야단치거나 벌을 주기에 앞서 놀이기술을 돕도록 한다.

　사회성발달의 규준은 다음과 같다.

기술	시기
얼굴 쳐다보기	출생 시
어르면 웃기	1.5개월
먼저 웃기	2.1개월
아기 손 쳐다보기	4개월
장난감에 손 뻗기	5.9개월
과자를 손에 쥐고 먹기	6.5개월
짝짜꿍 놀이하기	11.4개월
원하는 것 가리키기	12.9개월
빠이빠이 인사하기	11.4개월
공굴리기 놀이하기	15.7개월
집안일 모방하기	16개월
컵으로 마시기	17.1개월
집안일 돕기	17.3개월
숟가락 사용하기	19.9개월
옷 벗기	23.9개월

도움 받아 이 닦기	2세 7개월
세수하기	3세 1개월
친구 이름 말하기	4세 5개월
셔츠 입기	3세 4개월
카드 게임	4.9개월
시리얼 준비하여 먹기	5.1세

4. 언어발달

언어발달은 문제행동의 대표적인 원인 중 하나다. 언어는 말을 이해하지 못해 화를 내거나 떼를 쓰는 행동문제를 보이거나, 상황은 이해하더라도 상황에 맞는 의사표현을 하지 못하여 문제행동을 보인다. 언어를 이해하고, 표현할 수 있다 하더라도 상황에 맞는 언어를 사용하는 데 어려움을 보이는 아동은 눈치 없는 아동으로 치부될 수 있어서, 집단에서 쉽게 거부될 확률이 높다. 이러한 이유로 사회성 발달과 영향을 주고받을 수 있으므로, 친구관계를 발달시키는 데 불리할 수 있다. 결국 의사소통능력과 사회성 발달은 서로 연관될 수 있으므로, 의사소통능력을 키우는 능력은 문제행동을 예방하는 중요한 열쇠가 된다.

의사표현이 어려워 겪는 문제행동의 경우 상황에 걸 맞는 언어발달을 이끌어 주거나 표현능력의 대안적 기법을 사용해 주어야 한다. 다양한 경험을 통해 이해능력을 발달시키고, 언어표현을 했을 때 원하는 것을 가질 수 있도록 환경을 조성하는 것이 중요하다.

언어발달의 규준은 다음과 같다.

연령(세)	음운	의미	문법, 구문론	화용론
0~1세	언어에 대한 수용성과 소리에 대한 구분, 옹알이는 모국어를 닮기 시작	다른 사람의 언어에서 억양 단서의 해석, 비언어적 몸짓이 나타남. 개별적 단어들의 이해는 거의 없음	단계 구조의 선호와 모국어의 패턴을 강조	양육자와 사건과 사물에 공동주의, 게임과 언어화에서 차례 지키기, 비언어적 몸짓의 등장

		첫 단어 등장. 18개월 이후의 어휘들의 급격한 확장. 단어 이해의 과잉확장과 과잉축소	일어문이 두 단어 전보문이 됨. 문장은 구분되는 어의적 관계를 표현. 몇 가지 문법적 형태소의 습득	메시지를 명확히 하기 위한 몸짓과 억양 단서의 사용. 언어적 차례 지키기, 규칙의 풍부한 이해, 아이의 언어에서 예의의 최초 신호
1~2세	단어 발음의 단순화를 위한 전략 등장			
3~5세	발음의 증진	어휘 확장, 공간관계의 이해와 언어에서 공간적 단어 사용	문법적 형태소가 정규 문장에 첨가, 대부분의 변형문법을 인식	비관용 어구 사용에 대한 의도를 이해하기 시작, 언어를 서로 다른 청자에 약간의 적용, 애매한 메시지를 명확히 하기 위한 몇 가지 시도

5. 정서행동발달

정서행동은 인간행동의 초기 발달부터 중요한 과정이다. 기쁨, 슬픔, 공포, 분노, 불안의 감정을 발달시킨다. 이러한 정서행동의 발달과정은 아동의 행동문제와 관련성이 깊다. 나이에 따라 나타나는 자기조절능력이나 다른 사람의 마음을 이해하고, 공감을 갖는 능력에 따라 상황을 이해하고, 적응하는 방법이 달라지므로, 아동에게 꾸중을 하거나 비난하기 이전에 아동의 현재 정서행동발달에 대한 이해가 선행되어야 한다.

아동에게 어떤 것을 갖고 싶거나 하기 싫은 것을 피하고자 화를 내거나 짜증을 내는 것보다는 미소를 짓고, 이해를 구하여 문제를 해결하도록 훈련을 할 필요가 있다. 친구나 어른의 마음을 읽도록 정서관리에 도움을 주도록 하고, 분노 관리 방법을 알려 주어, 행동문제가 심해지거나 문제행동의 기간이 길어지지 않도록 조기에 예방해야 한다.

정서행동발달의 규준은 다음과 같다.

연령(세)	정서표현/조절	정서이해
출생~6개월	모든 일차적 정서가 나타남. 긍정적 정서의 표출이 격려되고 보다 일반적이 됨. 손가락을 빨거나 혹은 고개를 돌림으로써 부정적 정서를 조절하려는 시도	기쁨, 분노, 슬픔과 같은 얼굴표정을 구분
7~12개월	분노, 공포, 슬픔과 같은 일차적 정서를 보다 분명하게 보임. 정서적 자기조절이 증진. 영아는 스스로 몸을 흔들거나 물건을 빨거나 혹은 불쾌한 자극으로부터 멀리 떨어짐	다른 사람의 일차적 정서인식이 증진, 사회적 참조가 등장
1~3세	이차(자기-인식) 정서가 등장. 정서조절이 증진, 걸음마기 유아는 그들을 짜증나게 하는 자극들로부터 스스로 거리를 두거나 혹은 조절하려는 시도	걸음마기 유아는 정서에 대해 말하기 시작하고 정서가 놀이행동에 등장. 감정이입적 반응이 등장
3~6세	정서조절을 위한 인지적 전략의 등장과 세련화, 정서를 감추거나 간단한 표출규칙과 일치	정서의 외적 원인과 결과의 이해가 증진. 감정이입적 반응이 보다 공통적이 됨

<문제중심학습>

▶ 덴버 검사에 대하여 알아봅시다.

1) 팀 구성하기

2) 역할 나누기

3) 각 영역별 검사 항목 확인하기

4) 검사 해석하기

5) 매체에서 행동문제 다룬 영상 찾아 분석하기

6) 덴버 검사 사용하여 가상 분석하기

7) 성과 공유하기

인간행동의 바람직한
기술을 늘리려면

제5조(국가 및 지방자치단체의 임무) ① 국가 및 지방자치단체는 특수교육대상자에게 적절한 교육을 제공하기 위하여 다음 각 호의 업무를 수행하여야 한다. 〈개정 2016. 5. 29., 2017. 12. 19.〉

1. 장애인 등에 대한 특수교육종합계획의 수립

2. 특수교육대상자의 조기발견

3. 특수교육대상자의 취학지도

4. 특수교육의 내용. 방법 및 지원체제의 연구 · 개선

5. 특수교육교원의 양성 및 연수

6. 특수교육기관 배치계획의 수립

7. 특수교육기관의 설치 · 운영 및 시설 · 설비의 확충 · 정비

8. 특수교육에 필요한 교재 · 교구의 연구 · 개발 및 보급

9. 특수교육대상자에 대한 진로 및 직업교육 방안의 강구

10. 장애인에 대한 고등교육 방안의 강구

11. 특수교육대상자에 대한 특수교육 관련서비스 지원방안의 강구

12. 그 밖에 특수교육의 발전을 위하여 필요하다고 인정하는 사항

② 국가 및 지방자치단체는 제1항의 업무를 수행하는 데 드는 경비를 예산의 범위 안에서 우선적으로 지급하여야 한다.

③ 국가는 제1항의 업무 추진하거나 제2항의 예산조치가 부족하다고 인정되는 지방자치단체에 대하여는 예선의 확충 등 필요한 조치를 권고하여야 한다.

④ 교육부장관은 제1항의 업무를 효율적으로 수행하기 위하여 문화체육관광부장관 · 보건복지부장관 · 고용노동부장관 · 여성가족부장관 등 관계중앙행정기관 간에 협조체제를 구축하여야 한다. 〈개정 2008. 2. 29., 2010. 6. 4., 2013. 3. 23., 2016. 2. 3.〉

출처:「장애인 등에 대한 특수교육법」

1. 강화

1) 의의

인간행동의 바람직한 기술은 한마디로 벌보다는 칭찬을 많이 주는 것이다. 흔히 말하는 칭찬은 사회적 인정, 즉 강화를 의미한다.

강화는 그 행동을 한 이후에 행동이 늘거나 좋은 행동을 유지한다는 것이다. 강화는 여러 용어로 부른다. 1차적 강화물은 직접 효과를 발휘하는 것을 의미하고 먹는 것, 마실 것, 잠, 입는 것 등 구체적인 강화물을 말한다. 2차 강화는 1차적 강화물을 가지기 위한 상징물로 돈이나 쿠폰, 권리 등을 말한다.

심한 행동문제로 어려움을 겪는 가족이나 선생님에게 강화물 선정은 치료의 성패를 가를 정도로 중요하다. 어떤 강화물이 효과적인지를 알기 위해서는 평소 관찰을 해두었다가 기록하는 것이 효과적이다.

효과적인 강화제 선정을 위하여 강화제 배틀을 시행할 필요가 있다. 이 방법은 여러 강화물의 경우에도 상황에 따라 다를 수 있고, 아동 개개인에 따라 선호도가 다르기 때문이다. 대체적으로 강화물은 음식물, 장난감, 활동으로 나눌 수 있는데 각각에 따라 좋아하는 항목을 10개씩 선정하여 가장 좋아하는 것부터 덜 좋아하는 순서대로 배열한 뒤 필요에 따라 더 좋은 강화물을 제공하도록 한다. 강화제 배틀을 사용하기 위해서는 여러 음식물이나 활동강화제를 파악하고, 아동 개개인에게 확인하는 것이 중요하다. 이 기법은 중증장애아동의 행동치료에서는 치료 효과의 대

◆그림 3◆ 보상물 선정

부분을 차지할 정도로 중요하다. 아무리 좋은 강화도 반복되면 희소가치를 잃을 수 있으므로 음식물을 물리지 않게 제공하는 것이 중요하고, 활동은 질리지 않게 제공하도록 한다.

원하는 음식물이나 활동 제공을 통해 강화의 개념이나 효과를 익힌 후에는 토큰 강화제를 제공한다. 토큰은 다양한 형태로 이루어진다. 쿠폰, 학점, 별표 도장 받기 등은 흔히 사용되는 토큰 강화제다. 토큰 강화제는 흔히 토큰 경제로도 불리는데, 이는 토큰을 아동이 원하는 물건이나 음식물로 바꿀 수 있다는 점에서 경제생활의 물물경제와 닮았다는 데서 착안한 것이다.

유아교육기관에서 자주 사용하는 토큰 경제로는 포도 모양의 그림을 게시판에 붙여 두고 포도알 스티커를 붙이게 한 다음 일주일 단위로 포도알을 세어 원하는 물건과 바꾸는 방법이 있다. 이때 중요하게 고려할 것은 강화의 지속성이다. 한번 내린 약속은 어떠한 상황이더라도 지켜야 하고, 지킬 약속의 현실성을 고려하여 항목을 정해야 한다. 예산 문제로 약속을 지키기 어려울 때는 가족과 협의하여 토큰을 가정에서 교환하도록 도움을 줄 수 있다.

긍정적 강화 이외에도 부적 강화가 있다는 점이다. 잔소리를 듣기 싫어서 숙제했던 경험이 있을 것이다. 나머지 과제를 하기 싫어서 과제를 빨리 하거나 귀가시간에 늦게 가기 싫어서 빨리 옷을 입게 되는 아동은 쉽게 발견할 수 있는 부적 강화의 한 예다. 이때도 아동 각각에게 어떤 행동을 하기 싫어하는지를 파악하여 부적 강화를 적절히 사용해야 한다. 정적 강화는 좋은 관계를 유지하지만, 부적 강화는 마지못해 하고 있다는 사실을 잊지 말아야 한다.

프리맥의 원리를 들어 보았을 것이다. 보통 부모와 아동의 실랑이 중 하나는 '숙제를 하면 게임기 놀이를 할 수 있다'와 '게임기 놀이를 먼저 하고 숙제를 하겠다'는 것 사이의 간극이 커서 투쟁이 심해지는 법이다. 프리맥의 원리는 자주 나타나는 활동을 사용하여 하기 싫은 활동을 하도록 촉진하는 방법인데, 유아교육기관이나 가정에서는 이 방법만 원칙대로 사용해도 치료의 반은 성공한다. 평소 자녀나 아동이 어떤 활동에 몰두해 있는지를 확인하고, 그 행동을 얻기 위해 싫은 활동도 참아낼 수 있는 항목을 정하는 습관을 들일 필요가 있다. 상황별로 다르게 나타나므로, 많은 활동을 기록해 두었다가 아동이 활동에 흥미를 잃게 되면 다음 항목으로 전환하여 사용해야 한다.

〈효과적인 액션러닝〉

▶ 보상물 측정 배틀을 연습해 봅시다.

〈스낵〉
새우깡
라면땅
초콜릿
초코파이
스키틀스
고래밥
미쯔
조리퐁
빼빼로

〈과일〉
사과
배
바나나
포도
귤
키위

〈음료수〉
콜라
사이다
탄산수
환타
주스(오렌지주스, 사과주스, 키위주스, 토마토주스 등)
우유(바나나우유)

〈빵〉
소보로빵
팥빵
크림빵
초코빵
마카롱
생크림 조각빵 등

2) 강화물 효과를 높이는 방법

(1) 강화물의 종류 및 크기

일반적으로 음식 종류가 행동의 동기를 유발하는 힘이 큰 것으로 되어 있지만, 아동 개인의 과거 경험이나 현재의 주위 상황에 따라 강화물의 강도가 달라질 수 있다. 따라서 강화물은 아동이 간절히 원하는 것을 사용하면 효과적이다. 그러나 말을 이해하거나 표현하기 어려운 아동에게서는 이러한 정보를 얻기가 힘들기 때문에 일반적으로 음식 종류가 많이 사용된다. 보상으로 아동이 좋아하는 것을 많이 주는 것이 좋은 것은 아니다. 왜냐하면 아무리 좋아하는 것이라도 같은 것을 반복적으로 받으면 싫증을 내기 때문이다. 따라서 보상물 측정 배틀을 통해 보상물을 많이 확보해 두었다가 아동이 하기 싫은 일이나 숙제를 하는 경우 번갈아 가면서 다른 것을 사용하면 된다. 가능하면, 아동의 영양까지 고려하여 영양떡이나 말린 과일 등을 사용하면 금상첨화다.

(2) 강화물 지급 시기

강화물은 행동이 일어난 시간과 보상을 받는 시간이 가까울수록, 그 효과가 높아진다. 즉각 강화라고 부르는 이 기법은 행동이 일어난 직후에 보상을 받을 때 그 행동을 하고 싶은 동기가 제일 높아지기 때문에 처음 행동을 가르칠 때 사용하는 것이 효과적이다. 따라서 새로운 행동을 가르칠 때는 행동이 일어나면 바로 강화물을 주고, 80% 목표행동에 다다르면, 보상을 받는 시간을 조금씩 지연시켜 간다. 보상을 지연시키는 것이 행동을 유지시키는 데 도움이 되기 때문이다.

(3) 강화 계획 적용

처음 치료를 시작할 때는 목표행동이 일어날 때마다 즉각 보상방법으로 강화물을 지급하고 80% 목표행동에 이르면, 두 번에 한 번 보상하는 식으로 바꾸고, 치료가 끝날 때쯤에는 아동이 보상을 예측할 수 없도록 강화물을 제공한다. 아동은 언제 강화물을 줄지 예측하기 어렵기 때문에 이미 습득된 바람직한 행동을 계속하게 되고, 유지시킬 수 있다.

(4) 보상의 희소성

보상에 사용되는 음식이나 물건은 구하기 힘들수록 보상의 효과가 높아진다. 아동이 원할 때마다 과자를 먹을 수 있는 아동에게 과자가 강화물로 사용된다면, 이 아동은 과자가 더 이상 행동치료로는 효과적이지 않다. 왜냐하면 원할 때마다 과자를 간식으로 먹을 수 있기 때문에 애써서 학습을 하거나 싫은 일을 하기 위해 노력할 필요가 없기 때문이다. 따라서 평소에 먹던 간식을 강화물로 사용하려면, 자유롭게 먹던 간식을 아무 때나 먹을 수 없도록 하고, 목표행동에만 사용하도록 한다. 사회적 강화를 사용할 때는 칭찬이나 미소의 경우에도 계획적으로 사용해야 칭찬의 효과가 커질 것이다. 물론, 게임이나 장난감 등 활동강화제의 경우에도 마찬가지다.

2. 촉진법과 용암법

1) 촉진법

지시순응은 학습의 기본이다. 학습은 동화와 조절과정이 끊임없이 이루어지는 과정이다. 새로운 지식을 습득할 때 있는 그대로의 설명을 듣고 수용해야 하는 과정이 필수적이다. 이 과정에서 설명을 듣고 그대로 이행할수록 잘 배울 수 있는데, 많은 문제행동은 지시를 따르고 순응하는 과정에서 어려움을 보인다.

촉진법은 과제를 쉽게 하도록 하기 위해서 촉진하는 방법으로 대표적으로 3단계 지시 따르기 기법을 들 수 있다.

  지시 따르기는 3단계로 이루어져 있다. 말로 하는 지시를 따르는 경우 지시에 순응하였다고 할 수 있다. 이 과정에서 반응이 어려운 경우 시각적 촉진과정을 도와주고 이때 지시를 따르면 칭찬하면 된다. 시각적 촉진은 손가락으로 위치를 알려 주거나 몸짓으로 알려 주면 된다. 때로는 시범을 보여 방법을 알려 주는 과정도 이에 포함된다. 지시를 말로 하고, 시각적인 촉진에도 아동이 반응하지 않는다면, 신체적 촉진과정이 필요하다. 이 경우에는 손이나 팔을 잡고 조용히 지시에 응할 수 있도록 도움을 준다. 실제로는 도움을 받은 경우라 하더라도 아동에게 칭찬을 하여 성취감을 느끼게 한다.

  지시 따르기 항목을 정할 때 유의할 점은 아동이 잘할 수 있는데, 반응을 잘하지 않는 지시를 선정하는 것이 중요하다. 할 수는 있으나 따르지 않은 행동을 목표행동으로 삼는 것이 중요하다는 것이다. 일반적으로 이리 와, 저리 가, 이것 줘, 마셔, 먹

관찰자: 김○○   관찰 일시: 2019년 10월 4일 아침 9시 54분
학   생: 김○○   관찰 장소: 실습실

번호	지시 따르기(문항)	1	2	3	4	5	6	7	8	9	10	계(회)
1	선생님에게 토끼 줘	×	×	×	–	–	–	–	–	–	–	3
2	선생님에게 빨간색 줘	×	×	×	–	–	–	–	–	–	–	2
3	선생님한테 강아지 줘	×	×	×	–	–	–	–	–	–	–	2
4	돼지 여기 넣어 봐	×	×	×	–	–	–	–	–	–	–	1
5	병뚜껑 열어 봐	×	×	×	–	–	–	–	–	–	–	1
6	하얀 동물 가리켜 봐	×	×	×	–	–	–	–	–	–	–	1
7	손, 머리 위에 올려 봐	×	×	×	–	–	–	–	–	–	–	1
8	볼펜 뚜껑 열어 봐	×	×	×	–	–	–	–	–	–	–	1
9	선생님한테 자 줘 봐	×	×	×	–	–	–	–	–	–	–	1
10	선생님한테 보라색 줘 봐	×	×	×	–	–	–	–	–	–	–	3
계		10	4	2								

지시 따르기(×): 지시 후 5초 이내에 반응함
지시 불이행(–): 지시 후 5초 이후 반응하거나 지시에 반응하지 않음

◆그림 4◆ 지시 따르기 훈련 연습

<효과적인 액션러닝>

▶ 하루 생활 중 칭찬, 비난한 행동을 확인해 봅시다.

이름:

하루 중 관찰 시간:　　　　년　월　일　시　분　초

활동 이름:

날짜	칭찬	비난	날짜	칭찬	비난
1.			12.		
2.			13.		
3.			14.		
4.			15.		
5.			16.		
6.			17.		
7.			18.		
8.			19.		
9.			20.		
10.			21.		
11.			22.		

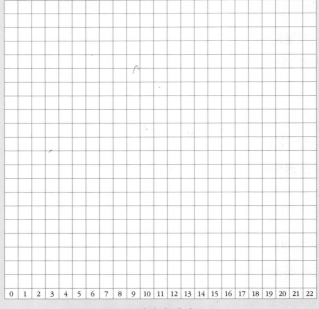

칭찬 수 = ○

비난 수 = ×

관찰한 날짜

어, 불 켜, 불 꺼, 가방 메, 컵 가져와, 이것 제자리에 놓아 등 일상생활에서 자주 듣고 한번 배우면 생활에 도움을 주는 활동을 선정하는 것이 좋다. 흔히 집단수업 장면이나 친척이 모이는 자리에서 아동이 더 말을 듣지 않는다고 호소하는데, 이때는 개별적으로 지시에 따르는 훈련을 병행하면 효과적으로 도울 수 있다.

지시 따르기 과정에서도 상, 벌은 중요하다. 지시에 응할 때마다 칭찬과 상을 주도록 한다. 상은 아동에게 의미 있고 보상이 되는 음식물 등의 1차적 강화, 좋아하는 활동을 하도록 허락하는 활동강화, 토큰을 이용한 지연강화, 칭찬, 인정 등의 사회적 강화를 제공한다. 지시 따르기 과정이 끝나고도 일상생활 안에서 어느 장소에서든지 사용할 수 있고, 어떤 사람이 지시를 해도 응할 수 있도록 일반화 과정을 진행해야 한다. 대체적으로 일반화는 사람, 장소, 도구 등 처음 지시 따르기 과정에서 수행한 반응이 다른 대상에게도 이루어질 수 있도록 한다.

2) 용암법

촉진법이 점점 도움을 주어 과제를 쉽게 수행하게 만들어 주었다면, 용암법을 점점 도움을 줄여 주는 방법이다. 용암법은 3단계 지시 따르기의 언어적 지시, 시각적 지시, 신체적 지시과정을 통해 촉진법이 진행된 이후 신체적 촉진, 시각적 촉진, 언어적 촉진을 단계별로 줄여 주는 방법이다. 보통 80% 수행이 이루어지면 도움을 줄이고 다음 단계로 가면 된다.

용암법은 연극에서 점차 조명을 줄이는 데서 착안하여 사용되는 어휘로 아동에게는 독립기술을 알게 하는 데 필수적인 과정이다. 각각의 지시는 지시의 종류에 따라 쉽게 수행하는 아동이 있는가 하면 동기부여 과정부터 쪼개서 진행해야 하는 것까지 과제분석을 병행해야 한다. 이때 주의할 점은 아동의 반응을 계속 반복하여 요구하면 아동은 쉽게 질리거나 피로해질 수 있다는 것이다. 그래서 아동이 할 수 없는 과제라서 지시에 따르지 않는 것인지, 하기 싫어서 지시에 따르지 않는 것인지를 구분해야 한다. 따라서 아동이 쉽게 할 수 있는 지시 따르기 문항을 여러 개 마련하여 반복하도록 하고, 강화제를 물리지 않게 다양하게 마련해야 한다. 통상적으로 10개의 지시 문항을 준비하여 10개 중 8개의 지시에 응했을 때 80% 수행하였으므로, 그 지시를 습득했다고 생각하면 된다.

　어떤 내용이든 이 과정을 통해 도움의 양을 줄이고 스스로 할 수 있는 과정으로 학습하도록 한다. 특히, 일상생활을 통해 훈련을 하게 되면 일반화 과정에 용이할 수 있다. 가정에서는 자연스럽게 일반화하도록 엄마의 훈련부터 아빠, 형제, 돌보는 대리인 등 다양한 장면으로 전환하도록 한다. 어린이집 등 유아교육기관에서도 처음에는 담임 선생님이 진행하지만 점차 다른 반 선생님, 돌보는 보조 선생님, 원장 선생님, 행정실 선생님 등에게 협조를 구하여 일반화하도록 한다.

<조언>

▶ 촉진법과 용암법

〈3단계 지시 따르기 훈련을 위한 촉진법〉

1. 1단계, 언어적 지시로 수행하면 ∨표시 후, 잘했다 칭찬과 동시에 강화
2. 언어적 지시로 수행하지 않으면 2단계로
3. 2단계, 시각적 단서로 수행하면 VP, 하지 않으면 3단계로
4. 3단계, 신체적 안내로 수행하면 PG
5. V는 +, VP와 PG는 −, 칭찬은 1~2단계, 3단계는 이렇게 하는 거야!

문항	지시 내용	1	2	3	4	5	6	7	8	9	10	계
1	의자에 앉아											
2	일어서											
3	컵 줘											
4	빨강 줘											
5	가위 줘											
6	연필 줘											
7	칫솔 줘											
8	지우개 줘											
9	필통 줘											
10	스케치북 줘											
계												

V: 언어적 지시(Verbal Direction)
VP: 시각적 지시(Visual Prompting)
PG: 신체적 지시(Physical Guide)

〈3단계 지시 따르기 훈련을 위한 용암법〉

1. 3단계, 신체적 안내 80% 수행되면 −표시 후 2단계로

2. 2단계, 시각적 단서 80% 수행되면 −표시 후 1단계로

3. 1단계, 언어적 지시 80% 수행되면 지시 종료 후 + 표시

문항	지시 내용	1	2	3	4	5	6	7	8	9	10	계
1	의자에 앉아											
2	일어서											
3	컵 줘											
4	빨강 줘											
5	가위 줘											
6	연필 줘											
7	칫솔 줘											
8	지우개 줘											
9	필통 줘											
10	스케치북 줘											
계												

3. 행동형성

행동형성은 처음 학습을 도와줄 때 주로 사용하는 방법이다. 걷기를 가르치기 위해 손을 잡고 일어서기, 일어서서 양팔을 잡고 한 발 떼기, 한 손을 잡아 주고 한 발 떼기, 손을 잡아 주지 않고도 한 발 떼기, 도움 없이 걷기 등 목표행동에 점차 근접하면 칭찬하고 도움을 주는 방법이다.

이 방법은 언어습득에도 유용한데, 말을 하기 위해 쳐다보기, 입술을 움직이기, 입술을 떼어 소리내기, 소리 내어 특정 음과 비슷한 소리내기 등 각 과정에 칭찬과 보상을 하면서 언어습득 과정을 돕는다.

가정이나 유아교육기관에서 일상 생활환경 안에서 지속적인 자극을 주어 행동을 조성할 수 있도록 돕는다.

이밖에도 행동형성 방법으로 유용한 활동은 장난감 사용을 비롯하여, 바지 입기,

옷 입기, 단추 끼우기, 지퍼 여닫기, 신발 신기 등의 의생활부터 밥 먹기, 숟가락 사용하기, 컵으로 음료 마시기, 씹기 등의 식생활, 청소하기, 설거지하기, 라면 끓이기 등의 주생활까지 다양한 영역에서 체험을 통해 도움을 줄 수 있으므로, 부모교육으로 좋은 활동이다.

이때도 유의해야 할 점은 철저하게 아동의 현재 수행수준을 점검하여 할 수 있는데 약간의 노력이 필요한 부분을 시작점으로 잡는 것이 중요하다. 심리교육 프로파일 검사나 사회성숙도 검사 같은 다양한 발달 검사를 활용하여 아동의 현재 능력을 점검하여 시작하도록 한다.

〈조언〉

▶ 행동형성법을 사용하여 의자에 앉기 지시 따르기 연습

목표행동: 의자에 앉기

선생님(지시): 의자에 앉아.

아동: 유사한 목표에 조금이라도 근접하면 칭찬과 보상

(이 단계의 예를 들면, 선생님이 의자에 앉도록 지시 후 아동이 **의자 옆에만 가도**, 선생님이 "오! 의자에 앉았구나!"라고 호들갑스럽게 칭찬하며 보상한다.)

선생님(지시): 의자에 앉아.

아동: 유사한 목표에 근접하면 칭찬과 보상

(이 단계의 예를 들면, 선생님이 의자에 앉도록 지시 후 아동이 **의자에 엉덩이를 걸치기만 해도**, 선생님이 "오! 의자에 앉았구나!"라고 호들갑스럽게 칭찬하며, 보상한다.)

선생님(지시): 의자에 앉아.

아동: 점차 목표행동에 진입

(이 단계의 예를 들면, 선생님이 의자에 앉도록 지시 후 **의자에 바른 자세로 앉으면**, 선생님이 "오! 의자에 정말 잘 앉는구나!"라고 호들갑스럽게 칭찬하며, 보상한다.)

선생님: 의자에 앉아.

아동: 목표행동에 진입(이 단계의 예를 들면, 선생님이 의자에 앉도록 지시 후 **의자에 바르게 앉는 행동이 10번에 8번**, 즉 목표행동 80%에 도달하면 칭찬과 보상 후 종료한다.)

4. 연쇄법

스테이크를 처음 먹었을 때를 기억하는가? 아마도 어릴 때부터 스테이크를 먹었다면 틀림없이 자상한 엄마, 아빠가 잘게 썰고 또 썰어서 아기의 입에 들어갈 정도의 크기로 잘라 먹기 좋게 해 주셨을 것이다. 포크를 쓸 수 있을 정도로 자랐을 때는 입안에 들어가기 좋을 정도로 잘라 주어 손을 잡고 포크로 찍는 연습을 하도록 하여 스스로 먹게 해 주셨을 테고. 좀 더 성장하여 양식집을 갔다고 가정해 보자. 여러분은 스테이크를 몇 덩이로 잘라서 다시 먹기 좋게 잘라 먹으면서 담소를 나누고 있는 자녀를 관찰할 수 있을 것이다.

연쇄법은 흔히 과제분석이라고 한다. 과제의 큰 덩이를 잘게 나누어 하기 쉽게 만드는 과정이다. 이 과정은 과제 전체를 한 덩이로 보고 몇 덩이로 나눌지를 아동 개개인에 맞게 쪼개는 과정을 거치면 된다. 어리고 많은 도움이 필요한 아동의 경우에는 더 잘게 나누어 과제분석을 하고, 비교적 나이가 많고 도움이 덜 필요한 경우라면 몇 개의 조각을 모아서 한 덩이로 구성하면 편하게 사용할 수 있다.

연쇄법은 흔히 연결고리라고 하는데, 과제와 과제 사이를 잘 연결하여 최종의 목표를 이루어 가면 된다. 이때 점진적으로 연결해 나가는 전진적 연쇄법과 목표행동에 맞게 모두 도움을 준 이후 끝부분만 아동이 하도록 하여 언제나 성취감을 느끼게 하는 후진연쇄법이 있다. 두 방법 중 어떤 방법을 사용하든지 아동의 흥미와 정도에 따라 구성하되 과제분석을 구체화하고, 과제를 흥미 있게 진행하는 것이 관건이다.

연쇄법은 일상생활 활동을 돕기에 유용하다. 옷 입기를 가르칠 때 옷의 앞뒤를 보여 주고 앞뒤를 가리지 못할 때 스티커를 붙여 주는 방법이 유용하다. 앞뒤를 가리고 나면 팔을 오른쪽으로 끼우고, 왼쪽 팔을 끼우고 옷을 몸에 맞게 끌어 내린 다음 지퍼 끼우기, 지퍼 올리기, 옷을 잘 입었는지 거울을 보며 확인하는 과정을 과제분석하여 각 과정을 다시 세분화하는 방법이다. 이때는 직접 시범을 보이고 직접 해 보는 방법도 있지만, 이 과정을 학습한 이후에 진행하는 방법이 있다. 이때는 아동과 닮은 비장애아동을 모델로 세우고, 각 과정마다 사진, 그림, 글씨를 사용하여 앨범으로 제작하여 반복하는 방법이 있다. 실제로 사진을 이용한 일상생활 기술을 돕는 방법은 검증된 기법이다. 이 닦기, 옷 입기, 청소하기, 설거지하기 등 다양한 활동을 연쇄법에 의해 효과적으로 도울 수 있다.

<조언>

▶ 양치하기

전진적 연쇄법		후진적 연쇄법	
1		1	
2		2	
3		3	
4		4	
5		5	
6		6	
7		7	
8		8	
9		9	
10		10	

▶ 과제분석 사례

옷 입기를 가르치기 위하여 사진 앨범을 사용해 봅시다.

1) 사진으로 단서 주기

2) 사진과 글씨로 단서 주기

3) 글씨만 사용하여 단서 주기

5. 모방하기

모방은 흔히 모델링으로 알려져 있는데, 다른 사람의 바람직한 행동을 보고 따라 학습하는 대표적인 학습방법이다. 엄마가 '친구를 잘 사귀어야 한다'고 귀에 박히도록 잔소리를 하셨다면 모방하기 기법의 진수라고 해도 지나치지 않을 것이다.

모방은 사람이 하는 행동을 직접 보고 따라 하는 방법이다. 이때는 아동이 좋아하는 친구나 캐릭터가 한 행동을 따라 하도록 하여 모델링 효과를 극대화하는 것이 중요하다.

직접 따라 하기 행동을 한 후에는 어린이 만화에 이 닦기를 소재로 주인공이 등장하고, 캐릭터를 따라 이 닦기를 따라 하도록 했다면 비디오 모델링을 통해 모방학습한 것이다. 비디오 모델링은 여러 차례 반복하여 가르칠 수 있는 장점이 있으므로 다양한 모델을 사용하여 교재를 개발하도록 권한다.

최근에는 동영상을 통해 비디오 모델링 방법이 활성화되고 있다. 이때는 목표설정이 중요하고, 체계적으로 제시하여 단순히 흥행성 교재가 되지 않도록 주의한다.

비디오 모델링이 효과가 있다면 비디오 내용 중 중요한 부분만을 따로 클립을 만들어서 반복하는 것이 중요하다. 행동문제를 보이는 아동의 경우 특정 부분을 반복하여 실수하는 경우가 많은데 이때를 위하여 비디오 영상을 반복하여 볼 수 있는 교재가 필요하다.

대표적인 비디오 모델링을 위하여 사용할 학습은 다음과 같다.

〈가정에서〉
① 양치하기
② 옷 입기
③ 양말 신기
④ 신발 신기
⑤ 모자 쓰기
⑥ 외투 입기

⑦ 라면 끓이기

⑧ 빗자루로 쓸기

⑨ 걸레질하기

⑩ 청소기 돌리기

⑪ 무선청소기로 청소하기

⑫ 스팀청소기로 걸레질하기

⑬ 로봇청소기로 청소하기

⑭ 가방 메기

⑮ 설거지하기

⑯ 상 차리기

⑰ 반찬 제자리에 넣기

⑱ 냉장고 정리하기

⑲ 서랍장 정리하기

⑳ 장롱 정리하기

㉑ 소파 청소하기

㉒ 침대 매트리스 정리하기

㉓ 침대보 정리하기

㉔ 가전제품 작동하도록 건전지 끼우기

㉕ 약품상자 정리하기

㉖ 쓰레기 분리수거하기

㉗ 화초에 물 주기

㉘ 가구 닦기

㉙ 요리하기

〈어린이집 등에서〉

① 줄 서기

② 손 들고 대답하기

③ 화장실 노크하기

④ 양치하기

⑤ 가방 메기

⑥ 외투 걸기

⑦ 겉옷 입기

⑧ 의자에 앉기

⑨ 수건 제자리에 걸기

⑩ 연필 주기

⑪ 그림 그리기

⑫ 가위로 오리기

⑬ 그림책 보기

⑭ 책장 넘기기

⑮ 가방 제자리에 걸기

⑯ 쓰레기통에 쓰레기 버리기

⑰ 신발장에 신발 벗어 넣기

⑱ 실내화 갈아 신기

⑲ 노크하기

⑳ 버스에 올라서 안전벨트 메고 앉기

6. 변별과 자극통제

아동을 돕기 위해 맞춤형 교육이 대세다. 맞춤형 중에는 개별화교육계획이 유명한데, 계획 단계부터 대상 아동들의 요구를 파악해야 한다. 부모면담을 통해 아동의 현재 수준과 필요한 요구를 파악하여 교육 및 치료계획을 세우도록 한다.

변별은 어떤 자극과 자극의 차이를 알도록 하는 과정이다. 동그라미를 가르칠 때 동그라미에 반응하면 상을 주고, 네모에 반응하면 상을 주지 않는 방법이다. 새로운 행동을 가르치는 과정에서 변별은 다양하게 사용된다. 주의력결핍 과잉행동장애 아동에게 자주 나타나는 행동 중에 성급하게 손을 들거나 허락받지 않고 대답하는 행동이 있다. 이때 아무 때나 반응해 주게 되면 손을 들어야 할 때나 들지 말아야 할 때를 구분하지 못하게 된다. 변별훈련은 손을 적절할 때 들고 말하면 칭찬을 하

◆그림 5◆ 그림에 맞게 동작 변화시키기

고, 손을 들면 안 될 때 손을 들면 칭찬하지 않고 무시하여, 아동으로 하여금 손드는 상황을 알도록 하는 훈련이다. 줄을 설 때 간식을 받고, 여자 아동이 여자 그림을 보고 화장실을 찾아 들어가거나 마치는 종소리를 듣고 가방을 메는 과정은 변별훈련을 통해 학습한 대표적인 사례다.

자극통제는 선행자극의 조절에 의해 특정 선행자극에 대해서만 행동이 발생되도록 통제되는 과정이다. 적절할 때 손 들기, 여자 그림, 수업시간이 끝날 때 치는 종소리 등은 자극통제의 예다.

변별과 자극통제 방법으로 학습과 행동을 가르치는 과정은 글자 변별, 수 변별, 바지 앞뒤 가리기, 양말 겉과 속 구분하기, 도형에 반응하기, 시간표에 따라 책 꺼내기, 행동하기, 신호 가르치기 등의 규칙 알기, 적절한 행동과 부적절한 행동 구분하기 같은 행동치료 등 다양한 활동에서 적용할 수 있다.

새로운 행동을 가르치거나 바람직하지 못한 행동을 감소시킬 때에는 변별훈련을 통해 적절한 단서나 통제를 배우고, 이미 알고 있는 자극통제 과정을 사용하여 학습하는 것이 유용하다.

〈문제중심학습〉

▶ 달력을 가르치는 방법을 알아봅시다.

1) 팀 구성

2) 역할 나누기

3) 연, 월, 일, 요일

4) 서로 다른 역할하기

5) 효과적인 방법을 찾았나요?

6) 성과 공유하기

7) 효과적인 프레젠테이션

인간행동의 바람직하지 못한
행동을 줄이려면

제8조(교원의 자질향상) ① 국가 및 지방자치단체는 특수교육교원의 자질향상을 위한 교육 및 연수를 정기적으로 실시하여야 한다.

② 국가 및 지방자치단체는 특수교육대상자의 통합교육을 지원하기 위하여 일반학교의 교원에 대하여 특수교육관련 교육 및 연수를 정기적으로 실시하여야 한다.

③ 제3항과 제2항에 따른 교육 및 연수과정에는 특수교육대상자 인권의 존중에 관한 내용이 포함되어야 한다. 〈신설 2013. 12. 30.〉

④ 제1항과 제2항에 따른 교육 및 연수에 필요한 사항은 대통령령으로 정한다. 〈개정 2013. 12. 30.〉

출처: 「장애인 등에 대한 특수교육법」

1. 벌

행동의 발생 가능성을 감소시키는 것을 벌이라고 한다. 벌은 긍정적 벌부터 부정적 벌로 나눌 수 있다. 가장 긍정적인 벌로는 저비율행동 차별강화, 타 행동 차별강화, 대체행동 차별강화, 상반행동 차별강화 등의 강화에 근거한 중재로부터, 강화요소를 철회하는 소거, 강화자극이나 강화기회를 제거하는 반응대가와 타임아웃, 혐오자극을 제시하는 정적 연습 과잉교정, 원상회복 과잉교정, 조건 및 무조건 혐오자극을 제시하는 순서로 위계가 있다.

흔히 혐오자극을 사용한 체벌만을 벌이라고 인식하는 경우가 많은데, 벌의 효과에 대하여 주의해야 한다. 혹자는 벌을 사용할 수밖에 없다고도 한다. 하지만 어떤 벌도 칭찬보다 우선되지 않는다. 어쩔 수 없이 사용해야 한다면 바람직하지 못한 행동을 줄이기 위해 긍정적인 벌을 사용하도록 연습해야 한다.

2. 벌의 종류

1) 차별강화

차별강화는 바람직한 행동에는 강화를 받고 바람직하지 않은 행동에는 강화를 하지 않음으로써 행동치료하는 방법이다. 이 중 저비율행동 차별강화는 문제행동의 빈도가 잦은 아동에게 그것보다 적게 나타나는 경우 상을 주어 빈도를 낮게 하는 경우를 의미한다. 수업시간 동안 옆 사람과 떠드는 빈도를 관찰하여 보니 10회를 보이는 아동의 경우 두 번씩 줄어들 때마다 상을 주어 이전보다 덜 떠들었다고 칭찬하는 방법이 이에 속한다.

타 행동 차별강화는 일정한 간격을 정해 두고 그 시간 동안 문제행동이 일어나지 않을 때 문제행동이 일어나지 않았음을 격려해서 강화하는 방법이다. 우는 아동에게 울지 않은 시간에 울지 않았다고 칭찬해서 강화하는 방법이다.

대체행동 차별강화는 문제행동이 발생할 때 다른 바람직한 행동을 하는 경우 그 행동을 강화하여 구별해 주는 방법이다. 장난감을 갖고 싶어서 울고 떼쓰는 행동을 할 때 이 문제를 중재하기 위하여 대체행동 차별강화 방법으로 치료한다면 다음과 같다. 즉, 심부름을 시킨 후 아동이 울면서도 심부름을 한다면, 치료자는 아동의 우는 행동은 무시하고 심부름 하는 행동을 강화한다. 아동으로 하여금 우는 행동보다 심부름 하는 행동을 하는 것이 원하는 것을 얻을 수 있다는 것을 알 수 있게 하는 것이다. 이때는 우는 행동이 장난감을 갖고 싶어서 일어나는 기능임을 확인하고, 심부름 또한 장난감을 갖고 싶은 기능분석이 있을 때라고 판단되었을 때 진행한다는 점을 유의해야 한다.

상반행동 차별강화는 동시에 일어날 수 없는 두 가지 활동을 동시에 적용하여 문제행동 자체를 일어나지 못하게 하는 방법이다. 손가락 빨기를 보이는 아동에게 그

손가락으로 동시에 할 수 없는 피아노 치기 활동을 하도록 하여 손가락 빼는 행동이 일어나지 않은 부분에 대하여 칭찬과 함께 강화하는 것이다. 문제행동의 양상을 확인하여 동시에 일어날 수 없는 활동을 고안하도록 한다. 손바닥으로 책상을 친다면, 손바닥으로 드럼 치기, 손가락으로 톡톡 치는 행동을 보인다면 손가락으로 피아노 톡톡 치기, 입으로 소리 내는 행동을 보이면 멜로디언 불기 등의 다양한 활동으로 고안하여 보라. 벌 대신 칭찬할 행동이 보일 것이다.

2) 소거

여러분은 행동치료의 역사를 알고 있는가? 파블로프가 개에게 고깃덩이와 침샘 간의 관계를 연구하다가 우연히 고기를 주지 않아도 침을 흘리는 현상을 보고 자극과 반응 간의 관계를 연구하면서 시작되었음을 기억할 것이다. 이때 고기를 주지 않고도 침을 흘리는 과정을 통해 중성자극이 조건화되는 과정을 고전적 조건형성이라고 하였고, 불안, 공포 습득 등의 정서기억이나 조작할 수 없는 생리적인 현상에 적용하였음을 알았을 것이다.

소거란 그동안 어떤 행동이 발생하도록 강화되었던 행동이, 강화를 하지 않아 더 이상 강화되지 않게 되면, 그 행동이 앞으로도 일어날 가능성이 줄어드는 것을 말한다. 소거는 강화 요소를 먼저 준 후에 철회하는 것이 핵심이다. 고기를 준 후 침을 흘리는 것을 관찰할 때, 계속 고기는 주지 않고 침을 흘리도록 조건화한 경우 일정 시점, 즉 더 이상 침을 흘리지 않는 시점을 소거라고 한다. 소거는 흔히 관심 철회라고도 하는데, 관심을 끌고자 하는 아동의 경우 적극적으로 관심을 주지 않는 방법으로 문제행동을 줄이는 것이 대표적인 예다. 유아교육기관이나 가정에서 관심을 끌기 위해 문제행동을 보이는 경우, 문제행동을 더 이상 보이지 않을 때까지 관심을 주지 않는 것이다. 심하게 울고 떼쓰는 아동이 장난감을 가지고 싶어서 우는 경우, 우는 행동에 관심을 주지 않으면 처음보다 더 심하게 우는 행동을 보인다. 흔히 말하는 소거 폭발 현상으로 대부분 가정에서나 초보 선생님에게는 참으로 난감한 행동이다. 이때 난처하여 관심을 주게 되면 아동은 소거 이전보다 문제행동을 심하게 보이는 경우를 볼 수 있다. 행동치료를 위해서는 문제행동이 없어질 때까지 온 가족과 협력하여 철저하게 무시해야 한다.

3) 반응대가

반응대가는 강화를 먼저 하고, 문제행동이 벌어지는 만큼 강화를 박탈하는 방법이다. 흔히 권리박탈법으로도 알려져 있다. 텔레비전을 가까이에서 보는 자녀에게 가까이 보면 텔레비전을 끄겠다고 예고하고, 그럼에도 불구하고 텔레비전을 가까이에서 보는 경우 텔레비전을 껐던 경험이 있을 것이다. 대표적인 반응대가법에 해당한다. 반응대가는 권리를 부여하는 과정을 먼저 가르쳐 주어야 효과적이다. 이전 장에서 토큰 강화방법을 통해 바람직한 행동을 늘리는 방법을 언급하였는데, 토큰 강화법을 사용하면 구체적으로 가르칠 수 있다. 토큰의 교환 가치를 알게 하기 위해 원하는 물건이나 활동에 대한 토큰의 가치를 충분히 알려 준다. 바람직하지 못한 행동을 했을 때 토큰을 회수하여 그 권리를 박탈한다는 원인과 결과관계를 인지하도록 하여 바람직하지 못한 행동을 수정하도록 한다.

4) 타임아웃

타임아웃은 바람직하지 못한 행동이 발생할 때마다 잠시 강화 받을 요소에서 제외시키는 방법을 의미한다. 생각의자에 앉거나 벽에 세우기, 의자 고립, 벽 고립, 바닥 고립, 고립방에 보내기 등의 방법이 있다. 이 방법은 아동의 문제행동의 심각도에 따라 철저한 지원이 필요하므로 함부로 사용되지 않게 한다. 심한 자해행동으로 학습이 어려운 자폐성장애아동의 경우 행동문제가 아동의 예후에 큰 문제가 될 수 있다. 가족과 충분히 협의하고, 가족의 요구에 따라 절차를 철저히 하도록 한다. 업무를 위한 매뉴얼을 만들어서 누구나 일관성 있게 돕는 것을 추천한다. 나이에 따라 배제하지 않고 그 자리에서 학습과정을 관찰할 수 있게 하여, 그 행동문제를 보이지 않았다면 얻을 수 있는 강화과정을 볼 수 있게 한다. 의자 고립이나 바닥 고립 과정은 아동이 몸을 움직이지 않게 하는 것이 중요하다. 이를 위해 보조치료사가 협조해야 한다.

가족의 지원이 있으면 일반화와 치료과정을 이해하는 데 도움을 줄 수 있다. 고립방을 보내는 벌 과정이 있다면, 정한 시간을 넘기지 않아야 하고, 위험하지 않게 도와야 한다. 보조인을 두어 철저하게 관찰하면서 지원해야 한다. 최근에는 인권 문

제가 심각하게 이슈화되고 있으므로, 지원 절차에 하자가 없도록 반드시 가족의 동
의서를 받고 진행한다.

5) 과잉정정

물건을 던지는 아동에게 제자리에 갖다 놓도록 지시한 경우가 한 번쯤 있을 것이
다. 이것을 원상복구법이라고 한다. 문제행동을 관찰한 이후 원 상태로 복원하도록
하여 차라리 문제행동을 하지 않는 방법을 택하도록 하는 방법이다. 이에 더하여 자
신이 한 행동보다 더 한 방법으로 원상복구법을 사용하거나 혹은 그 동작을 더 많
이, 더 과하게 하도록 하는 방법을 과잉정정방법이라고 한다. 아동이 장난감을 던졌
다면 다른 아동이 놀다가 제자리에 놓지 않은 장난감까지 제자리에 놓는 방법으로
과도하게 정정하는 과정을 택하는 것이다. 바지에 소변 실수 하는 아동에게 고의성
을 확인한 이후 고의성으로 판단되면 손빨래를 하도록 하여 바지 빨기의 싫은 행동
을 하도록 하는 방법이 대표적인 과잉정정법에 해당된다. 이외에도 하기 싫은 자극
을 제시받는 방법이 있다. 예를 들면, 아동에게 소변실수를 한 사건을 여러 차례 상
기시키면서 화장실을 청소하도록 하는 방법이 이에 속한다. 잔소리를 듣기 싫어서
다시는 고의적으로 바지에 소변을 실수하지 않겠다고 생각하도록 만드는 것이다.

6) 혐오자극 제시

이론적으로는 혐오자극과 행동 감소의 관련성을 이용하여 조건화된 혐오자극과
무조건 혐오자극을 주는 것을 의미한다. 음식을 거부하기 위해 먹어야 할 음식을 뱉
은 경우 다시 먹도록 하는 것이나, 체벌을 당한 아동이 도구만 보아도 행동을 멈추
는 것을 예로 들 수 있다. 최근 인권문제인 아동학대로 고소당하는 상황을 보면 혐
오적인 기법의 효과성에 대하여 전문가들에게조차 논쟁의 소지가 있으므로, 아무
리 가족과 동의된 행동치료 방법이라고 하더라도 사용하지 않는 것이 좋다. 처벌을
받은 경험이 있는 행동을 기억하면서 문제행동을 줄이려고 노력하는 것이 혐오자
극 제시기법에 속한다. 벌금을 낸 아빠가 더 이상 속도위반을 하지 않는다거나, 새
치기를 한 여학생이 많은 사람 앞에서 망신을 당한 경험이 있다면 다시는 그 행동을

하지 않으려고 노력할 것이다. 과거에는 소변 실수를 한 아동에게 옆집에 가서 키를 쓰고, 소금을 얻어 오라고 하는 관습이 있었다. 이웃에게 키를 보면 야단을 쳐 주라는 말인데, 아동은 자주 만나는 이웃에게 혐오적인 관심을 받게 되었으므로 다시는 소변 실수를 하지 않게 하기 위해 노력한다는 취지의 행동수정기법이다. 이외에도 복도에 타임아웃을 하게 하고, 만나는 사람마다 잔소리를 한 마디씩 하기로 약속하였다면, 아동은 떠드는 행동을 하지 않기 위해 노력했을 것이다. 물론 기능분석을 통해 사회적 관심을 피하기 위해 노력하는 행동을 보이는 경우에 실시해야 하는 것은 두말할 필요가 없다.

이 밖에도 지각하면, 수업 직전까지 일정한 장소에 두어 교실로 갈 수 없게 하거나 두발 검사 등을 통해 지나치게 머리가 긴 경우 자르게 했던 예전의 장발단속 등이 있다. 혐오적인 기법들은 인권문제를 야기하는 대표적인 행동치료기법으로 현재는 전설이 되었다.

<문제중심학습>

▶ 텔레비전에서 방영된 행동장애아동의 사례를 인터넷에서 검색해 봅시다.

1) 팀 구성하기
   (1) 공격행동
   (2) 자해행동
   (3) 파괴행동
   (4) 분노조절장애
   (5) 집착행동

2) 사례 찾기

3) 문제행동 분석하기

4) 기능분석 방법 알아보기

5) 기능에 따른 효과적인 벌 기법 찾기

6) 가상 적용하기

7) 성과 나누기

8) 효과적인 프레젠테이션

체벌을
사용하지 마세요

제18조(장애영아의 교육지원) ① 만 3세 미만의 장애영아의 보호자는 조기교육이 필요한 경우 교육
장에게 교육을 요구할 수 있다.

② 제1항에 따른 요구를 받은 교육장은 특수교육지원센터의 진단·평가결과를 기초로 만 3세 미
만의 장애영아를 특수학교의 유치원과정, 영아학급 또는 특수교육지원센터에 배치할 수 있다.

③ 제2항에 따라 배치된 장애영아가 의료기관, 복지시설 또는 가정 등에 있을 경우에는 특수교육
교원 및 특수교육관련서비스 담당인력 등으로 하여금 순회교육을 제공할 수 있다.

④ 국가 및 지방자치단체는 장애영아를 위한 교육여건을 개선하고 설비를 정비하기 위하여 노력
하여야 한다.

⑤ 그 밖에 장애영아의 교육지원에 필요한 사항은 대통령령으로 정한다.

출처: 「장애인 등에 대한 특수교육법」

　　많은 문제행동은 그 행동 이전에 어떤 사전행동이 있다고 알려져 있다. 떼쓰는 행
동에 앞서 슈퍼마켓에서 물건을 사려고 했다. 아동이 과자를 사달라고 엄마에게 조
른다. 엄마는 이미 샀으니 다음에 사주겠다고 한다. 아동은 지금 사달라고 한다. 엄
마는 화가 치민다. 아동은 엄마의 얼굴을 살핀다. 다시 떼를 쓴다. 엄마는 주위를 둘
러본다. 이웃집 아저씨가 다가온다. 아동은 더 크게 떼를 쓴다. 엄마는 '오늘만 사줄
게' 하고 아동이 집어든 과자를 장바구니에 넣는다. 아동은 울음을 그친다. 어떠한
가? 엄마는 행동문제 이전에 선행사건인 슈퍼마켓에 가지 않아야 한다. 선행사건을
변화시키는 행동을 통해 문제행동을 예방하는 것이다. 인지적 요소를 강화하여, 떼

를 쓰게 되니 슈퍼마켓에 갈 수 없다고 상기시킨다. 아동은 예측하고, 떼를 쓰지 않을 것이라고 계약하고 슈퍼마켓에 간다. 계약을 상기시키고 떼쓰지 않으면 과자를 살 수 있음을 안다. 떼를 쓰지 않는다. 아동은 과자를 선물로 받는다. 어떠한가? 악순환이 선순환으로 바뀌는 순간이다.

체벌은 대표적인 혐오자극 제시법이다. 이 방법은 어떠한 경우에도 사용하지 않기를 권한다. 체벌은 한번 사용하면 반복적인 특성이 있어서 점차 높은 강도의 벌을 요구한다. 또한 어렵게 형성된 친밀감이 체벌 한 번으로 무너질 수 있으므로 가급적 사용하지 않아야 한다. 만일 아동이 떼를 쓴다고 해서 그 상황을 모면하기 위하여 체벌을 사용한다면 어떻게 될까? 아동은 떼를 쓰고, 엄마는 떼쓰지 말라고 야단을 치고, 아빠에게 일러 주겠다고 윽박지르고, 아동은 더 큰 소리로 떼를 쓸 것이다. 인내의 한계를 참지 못하고 엄마가 아동을 체벌했다고 하자. 아동은 오히려 후련할 수도 있다. 더 큰 소리로 울 것이며, 더 심하게 떼를 쓸 것이다. 엄마는 더 세게 체벌할 것이다. 그렇게 해야 아동이 고집 피우기를 멈출 것이라고 생각할 것이다. 그다음은 상상해 보기 바란다.

절차상 하자가 없다고 하더라도, 체벌은 인권 문제를 야기한다. 어쩌면 아동학대가 될 수도 있고 심한 경우 민형사상 문제가 될 정도로 최악의 상황이 될 수도 있다. 어떠한 경우라도 체벌이 일어나지 않도록 해야 한다. 특히, 가정에서도 체벌이 일어나지 않도록 해야 한다. 그렇다고 부적절한 행동장애를 방치할 수도 없다. 바람직하지 못한 행동을 감소시키는 과학적이고 체계적인 방법을 확인하여 적절한 벌을 사용하도록 해야 한다.

<문제중심학습>

▶ 체벌로 인한 가정폭력 기사를 찾아 캡처해 봅시다.

1) 팀 구성하기

2) 역할 나누기

3) 사례 찾기

4) 원인 찾기

5) 대안 찾기

6) 성과 나누기

7) 효과적인 프레젠테이션

제10장

예방하기 위한
근거, 규칙, 시간표

제3조(의무교육 등) ① 특수교육대상자에 대하여는 「교육기본법」 제8조에도 불구하고 유치원·초등학교·중학교 및 고등학교 과정의 교육은 의무교육으로 하고, 제24조에 따른 전공과와 만 3세 미만의 장애영아교육은 무상으로 한다.

② 만 3세부터 만 17세까지의 특수교육대상자는 제1항에 따른 의무교육을 받을 권리를 가진다. 다만, 출석일수의 부족 등으로 인하여 진급 또는 졸업을 못하거나, 제19조 제3항에 따라 취학의무를 유예하거나 면제받은 자가 다시 취학할 때의 그 학년이 취학의무를 면제 또는 유예받지 아니하고 계속 취학하였을 때의 학년과 차이가 있는 경우에는 그 해당 연수를 더한 연령까지 의무교육을 받을 권리를 가진다.

③ 제1항에 따른 의무교육 및 무상교육에 드는 비용은 대통령령으로 정하는 바에 따라 국가 또는 지방자치단체가 부담한다.

출처: 「장애인 등에 대한 특수교육법」

아무리 좋은 치료법도 일어나지 않는 것보다는 못하다. 최근에는 학교에서 보편적 중재, 소집단 중재, 일대일 대면 중재로 구분하여 체계를 이용한 행동치료를 강조한다. 학교 차원의 긍정적 행동지원이 그것이다. 이를 가정이나 유아교육기관의 조기개입에 적용하면 더욱 효과적이다.

조기개입 차원의 긍정적 행동지원은 유아교육기관이나 가정에서 일차적인 보편적 규칙을 제시하고 모두에게 예방하는 예방적 차원과 문제행동이 반복된 경우 소집단을 하위 유형으로 구분하여 지원하는 소집단 차원, 그리고 문제행동이 반복적이고 지속적으로 발생할 경우 일대일 접근을 통해 접근하는 것을 권한다.

1. 규칙

예방 차원에서 규칙을 만드는 것이 중요한데, 이때 사용할 수 있는 방법이 선택하기 방법이다. 규칙을 제정할 때 아동의 의사소통 수준에 맞게 규칙을 만드는 것이다. 예를 들어, 가정과 유아교육기관과의 협의에 의해 다음과 같이 규칙을 만들었다고 하자.

① 시간 약속 지키기
② 스스로 하기
③ 소리 지르지 않고 말로 하기
④ 화장실 노크하기
⑤ 손 들고 허락을 구한 후에 말하기
⑥ 활동 후에는 제자리에 정리하기
⑦ 빼앗지 않고 달라고 부탁하기
⑧ 자기 자리에 앉아서 활동하기
⑨ 화장실에서 줄 서기
⑩ 다른 사람 참견하지 않기

2. 시간표

아침에 일찍 일어나기, 7시까지 이불 개기, 7시 30분까지 이 닦기, 7시 40분까지 식사하기, 8시에 어린이집 버스 타기, 9시까지 어린이집 도착하기, 알림장 바구니에 담기, 옷걸이에 옷 걸기, 손 씻기, 수건에 걸기, 놀이 후 장난감장에 장난감 정리하기, 화장실 노크하기, 의자에 앉기, 말할 때는 손을 들고 허락을 구한 후에 말하기, 친구를 밀지 않고 양보를 부탁하기 등을 정할 수 있다. 가족은 선생님과 협의하고 약속을 지키기 위해 여건을 마련해야 한다. 계약서를 마련하여 구체적으로 명시하도록 하고, 지켰을 때 가질 수 있는 권리와 약속을 지키지 못했을 때 받을 수 있는 불이익 등을 아동의 수준에 맞게 알려 준다. 시간표를 함께 만들면서 충분한 규칙을 이해하도록 한다. 필요하다면 그림이나 사진으로 시각화해 주어 쉽게 이해하도록 반복한다. 시각화를 위해 사용할 수 있는 다이어리나 달력을 제작하여 아동이 해야할 규칙을 누구나 알 수 있도록 한다. 상과 벌 요소도 시각화한다.

3. 조기개입 차원의 긍정적 행동지원

보편적인 규칙을 주어 예방을 했는데도, 문제행동을 보인다면 어떻게 해야 할까? 비슷한 문제를 보이는 2명 이상의 아동을 모아 소집단을 위한 규칙 점검을 따로 한다. 또래가 돕거나 부모가 돕도록 하는 방법을 사용할 수 있다.

그럼에도 불구하고 문제행동을 지속적으로 보인다면 문제의 정도와 유형에 따라 아동 개개인에 맞는 지원을 해야 한다. 필요하다면 전문기관에 의뢰해야 할 수도 있다. 어린이집에 도착하여 자유놀이시간 동안 아동은 놀 수 없고, 3단계 지시 따르기 훈련을 하여 선생님과 따로 공부를 해야 할 수도 있다.

조기개입 차원의 긍정적 행동지원을 할 때 유의점은 개인이 아니라 체계를 동원해야 한다는 점이다. 원장 선생님, 옆 반 선생님, 행정실 선생님, 보조 선생님, 부모님, 버스기사님 등 아동과 개입된 모든 인력들이 긍정적 행동지원을 위해 노력해야 한다. 이를 위해 현재 수행수준을 정확하게 파악해야 한다. 사회성숙도 검사, 지능 검사, 발달 검사, 행동관찰, 기능적 행동분석, 상, 벌 등의 의사결정과정에 다 같이 참여함은 물론이다.

◆그림 6◆ **자료의 시각화의 예**

〈문제중심학습〉

▶ 환경 구성판으로 사용하여 시간표를 짜 봅시다.

1) 팀 구성하기
2) 역할 나누기
3) 사례 찾기
4) 원인 찾기
5) 대안 찾기
6) 성과 나누기
7) 효과적인 프레젠테이션

제11장

행동을 유지하기 위한
기술

제19조(보호자의 의무 등) ① 특수교육대상자의 보호자는 그 보호하는 자녀에 대하여 제3조 제1항에 따른 의무교육의 기회를 보호하고 존중하여야 한다.

② 부득이한 사유로 취학이 불가능한 의무교육대상자에 대하여는 대통령령으로 정하는 바에 따라 제1항에 따른 취학의무를 면제하거나 유예할 수 있다. 다만, 만 3세부터 만 5세까지의 특수교육대상자가 「영유아보육법」에 따라 설치된 어린이집 중 대통령령으로 정하는 일정한 교육요건을 갖춘 어린이집을 이용하는 경우에는 제1항에서 정하는 유치원 의무교육을 받고 있는 것으로 본다. 〈개정 2011. 6. 7.〉

③ 제2항에 따라 취학의무를 면제 또는 유예 받은 자가 다시 취학하고자 하는 경우에는 대통령령으로 정하는 바에 따라 취학하게 할 수 있다.

출처: 「장애인 등에 대한 특수교육법」

 선생님들의 흔한 자부심은 부모님 말씀은 듣지 않는데, 선생님 말씀은 잘 듣는다는 것이다. 부모 역시 가정에서는 별 문제 없는데 어린이집이나 유치원, 학교가 문제라는 것이다. 문제행동을 수정하고 교정하고 치료하고 예방했는데 어느 한 장면에서만 그 효과가 유지된다면 그 행동이 수정되었다고 할 수 있을까? 또한 최선을 다해 과학적인 상과 벌을 사용하여 바람직한 행동을 늘리고 바람직하지 못한 행동을 감소시켰는데, 그 행동이 한 달 후에 다시 재발하였다면, 행동치료가 이루어졌다고 할 수 있을까? 이 장에서는 이 문제를 다룬다.

1. 일반화

변별과 자극통제와는 반대로, 일반화는 이미 학습한 어떤 행동이 이미 가르친 방법이 아니라 다른 방법으로 가르쳐도 그 행동이 일어나는 것을 의미한다. 장애아동이나 문제행동을 보이는 비장애아동의 경우, 치료하기 편한 구조화된 교실이나 치료실에서 훈련을 받게 되는데, 실제 환경으로 전이시키는 과정을 통해서야 치료가 의미 있게 사용된다고 할 수 있다.

자극일반화는 학습할 때 있지 않았던 자극에서도 반응을 하는 것으로 흔히 훈련 전이라고 부른다. 두 종류의 다른 자극에도 같은 반응을 하는 것을 자극의 일반화라고 하는데, 훈련 상황 밖의 변별자극과 유사한 다른 자극이 있을 때 행동이 발생하는 것을 일반화라고 부른다. 다른 환경에서 학습한 것을 재훈련을 하지 않고도 그대로 하는 것이다.

자극일반화를 위해서는 이미 습득한 행동을 목표행동으로 잡는 것이 중요하다. 이때는 촉구나 계획적인 강화 없이도 일어날 수 있도록 조건을 변화시켜야 한다. 그동안 습득되어 온 활동을 일상생활에 활용될 수 있도록 목표행동을 조절하는 것이 중요하다. 엄마와 지시 따르기 훈련을 통해 심부름하기를 배웠다면, 할아버지, 할머니의 지시에도 심부름하기를 하도록 하는 것이다. 식탁에 숟가락, 젓가락 놓기 등의 식탁 차리기 학습이 이루어진 아동이 식당에서 식탁 차리기를 할 수 있게 되었다면, 바람직한 자극일반화의 예로 볼 수 있다.

이때의 기준은 처음 학습할 때보다는 느슨하게 주어지는 것이 중요하다. 일상생활에서 사용하도록 기준을 낮추어 잡는 것이 실제 환경에서 사용할 가치가 있는 활동으로 전환하기에 현실적이기 때문이다. 예를 들면, 행동형성 단계에서 젓가락을 정확하게 사용하는 것을 목표로 가르쳤다면, 자극일반화 단계에서는 외식을 위해 일식집에서 나무젓가락 쓰기 정도로 목표행동을 세우고, 정확하지 않아도 젓가락을 사용하여 국수를 먹었다면 목표행동을 습득했다고 볼 수 있다. 자연스러운 상황에서 가르치거나, 하루 일과 속에서 가르치기, 훈련 상황에서 일반화가 일어나야 할 상황과 비슷하게 조성하기, 여러 다양한 상황을 이용하기, 훈련 시 광범위한 관련 자극을 통합하기 등의 전략을 통해 일반화가 잘 이루어지도록 한다.

2. 유지 —— **103**

자극일반화가 훈련 상황에서 주어진 특정한 자극이 아닌 다른 자극이 다른 상황에서 주어져도 표적행동이 일어나는 것이라면, 반응일반화는 목표하고 가르치지 않았던 것에도 행동변화가 일어난 것이다. 부수적 행동변화라고도 한다. 직접 훈련을 하지 않았는데도 목표행동과 기능적으로 관련 있는 행동을 하는 것으로, 학습한 것을 응용하는 것을 의미한다. 신발 신기를 가르쳤는데, 운동화, 샌들 신기 등 다른 행동에도 효과를 보이는 것을 말한다. 두 반응이 유사할수록, 공통 특징을 보이는 범주일수록, 동일한 결과를 가져오도록 하는 반응의 범주에 속할수록 반응의 일반화는 잘 이루어진다.

2. 유지

유지란 행동변화를 위한 중재나 프로그램이 끝난 뒤에도 필요할 때마다 변화된 행동을 할 수 있는 것을 의미한다. 유사한 환경 내에서 시간이 지나도 학습된 기술을 지속적으로 가지고 있는 것으로, 시간에 대한 일반화라고도 한다.

일반화나 유지를 위해서는 체계적으로 계획하여 자연스러운 상황에서 강화 받을 가능성이 높은 활동을 선정해야 한다. 다양한 상황으로 사람을 일반화하거나 장소를 다양하게 변형하여 일반화하고, 자료나 물건을 다양하게 변화하고 일반화하여 여러 상황에서 유지할 수 있도록 지원하는 것이 필요하다.

일반화를 위해서는 강화 계획의 조정이 필요하다. 강화계획의 조정방법으로는 불규칙하게 강화하여 언제 강화가 일어날지를 예측하지 못하기 때문에 계속 학습하게 되는 간헐강화가 대표적이다. 다른 방법으로는 원래 의도한 것보다 더 과하게 연습시켜 어디에서나, 어떤 방법으로나 학습을 유지하도록 하는 과잉학습이 있다. 또한, 정해진 시간 안에 정해진 행동을 여러 차례 연습시키는 분산연습이 있고, 가르치려고 하는 새로운 기술과 이미 습득한 기술을 연결시켜 쉽게 학습할 수 있는 연습의 기회를 제공하는 기술이 있다. 그 밖에도, 일정 간격으로 주기적인 연습을 통해 습득된 기술을 유지시키기도 한다. 생활하는 가운데 자연스럽게 보상 받을 가능성이 높은 행동을 선정하는 것, 수업 중 일어나는 상황을 이용하여 자연적인 강화를 하는 방법도 일반화를 유지시키는 중요한 전략이다.

<문제중심학습>

▶ 행동치료를 일반화하기 위한 방법을 고안해 봅시다.

1) 팀 구성하기

2) 역할 나누기

3) 사례 찾기

4) 원인 찾기

5) 대안 찾기

6) 성과 나누기

7) 효과적인 프레젠테이션

제12장

나를 지키는
인지행동치료

제34조(발달장애인지원센터의 임무)

① 중앙발달장애인지원센터는 다음 각 호의 업무를 수행한다.

 1. 발달장애인에 대한 연구수행지원

 2. 발달장애인이 이용 가능한 복지정보 데이터베이스 구축 및 정보제공

 3. 발달장애인가족 및 관련서비스 종사자에 대한 지침·편람 마련 및 교육지원

 4. 발달장애인에 대한 인식개선 홍보

 5. 발달장애인 지원 프로그램

 6. 지역발달장애인지원센터의 지원

 7. 제9조 제3항에 따른 후견인 후보자의 추천

 8. 발달장애인 권리침해의 모니터링 및 권리구제의 지원

 9. 그 밖에 보건복지부장관이 필요하다고 인정되는 사항

② 지역발달장애인지원센터는 다음 각 호의 업무를 수행한다.

 1. 발달장애인에 대한 개인별지원계획의 수립

 2. 발달장애인을 위한 복지지원 정보의 제공 및 연계

 3. 발달장애인 가족 및 관련서비스 종사자에 대한 교육지원

 4. 발달장애인에게 서비스를 제공하는 기관에 대한 정보의 축적 및 관리

 5. 발달장애 조기발견과 발달장애인에 대한 인식개선을 위한 지역사회 홍보

 6. 발달장애인 및 그 가족에 대한 상담지원

 7. 제2조 제2호 라목에 따른 보호자에 대한 감독

 8. 제9조에 따라 선임된 후견인에 대한 감독지원 및 후견업무의 지원

 9. 제16조 및 제17조에 따른 현장조사 및 보호조치 등 발달장애인의 권리구제 지원

 10. 그 밖에 보건복지부장관이 필요하다고 인정하는 사항

③ 발달장애인지원센터는 대통령령으로 정하는 자격을 가진 특수교사, 사회복지사, 변호사 등 필요한 인력을 적절히 배치하여 발달장애인이 복지 및 법률 서비스를 받을 수 있도록 노력하여야 한다.
④ 발달장애인지원센터는 발달장애인 동료에 대한 상담 및 교육 등의 역할을 수행할 수 있는 발달장애인을 채용할 수 있다.
⑤ 제3항 및 제4항에 따른 인력배치 및 채용 등에 필요한 사항은 보건복지부령으로 정한다.

출처: 「발달장애인 권리보장 및 지원에 관한 법률」

보통 행동주의는 학습이론에 기반을 두고 형성되었다고 설명한다. 파블로프를 비롯한 콩트, 다윈 등은 생태학적 견해를 바탕으로 반드시 검증된 지원만을 치료에 반영하는 것이다. 실증주의를 바탕으로 관찰 가능하고 측정 가능한 행동을 강조한다. 학습이론은 자극과 반응에 의한 행동의 변화를 강조하므로, 모든 행동은 칭찬과 벌의 원리에 의해 강화되고, 변별과정을 통해 학습한다는 이론이다. 그러나 아무리 잘 계획된 행동 변화도 개인에게 동기부여가 되지 않는다면 어떠할까?

이 장은 행동주의에 의한 상과 벌만으로 해결되지 않는 생각, 믿음, 신념을 다룬다.

1. 자기관리 기술

자기관리 기술은 읽고 쓰기를 할 수 있는 초등학교 3학년 이상이면 가능하다고 알려져 있다. 단적으로 말하면, 자기 스스로를 관리하는 기술을 의미하는데, 앞으로 일어날 행동을 스스로 통제하는 것으로 정의할 수 있다. 다이어리를 쓰거나 수첩을 사용하여 자신의 미래를 계획하는 경험이 한 번쯤 있을 것이다. 흔히 상위인지능력으로 설명되는 이 능력은 미래를 위해 현재를 인내하는 데도 사용하게 된다. 동기유발을 위한 독서활동, 생각훈련 등을 떠올리면 된다. 자기관리 기술은 인지적 행동주의 원리를 바탕으로 이루어진다. 구체적으로는 선행사건 변화시키기, 목표설정, 자기기록, 자기평가, 자기강화, 자기처벌, 자기교수, 문제해결 훈련, 분노조절 훈련, 긴장완화 훈련 등이 있다.

1) 선행사건 변화시키기

인지행동주의에서 강조하는 것은 행동주의 요소에 인지주의 요소를 병행하는 것이다. 긍정적 행동지원에서 강조하는 것은 예방인데, 예방은 어떤 중재보다 우선된다는 점에서 기인한다.

선행사건 변화는 변화시키고 싶은 행동에 영향을 미칠 수 있는 환경을 바꾸는 것으로 정의한다.

선행사건을 변화시키는 가장 손쉬운 방법은 사용하는 자극의 가치를 변화시키는 것이다. 강화물로 강화의 효과를 보려면 배고플 때 사용해야 효과적이다. 반면, 다이어트 같은 음식 통제가 필요하다면 음식의 가치를 약화시키는 것이다. 배부를 때 음식은 아무리 산해진미라 하더라도 먹기 싫게 될 테니 말이다. 일시적으로 선행사건을 변화시키는 것을 동기화 조작이라고 부르는데, 이 방법은 대상 아동의 특성과 강화에 대해 효과가 다르므로, 앞 장에서 설명한 강화물 배틀처럼 각 강화물별로 확인할 필요가 있다.

선행사건을 변화시키는 다른 방법으로 반응촉진법이 있다. 이것은 바람직한 목표행동을 기억나게 하는 단서방법이다. 아침에 일찍 일어나고 싶을 때 알람 소리를 손으로 끌 때까지 점점 크게 울리는 방법이나 일어나자마자 침구 정리를 하여 일어날 수밖에 없도록 만드는 것이다.

바람직하지 않은 행동을 감소시키려면 바람직하지 않은 행동이 일어나지 않도록 선행사건을 변화시키는 방법도 있다. 다이어트를 위해 물 이외의 음식물을 치워 놓는다거나, 용돈을 아끼기 위해 통장에 하루에 사용할 만큼의 용돈만 남겨두고 나머지는 저축하는 것도 이러한 방법에 속한다.

이외에도 바람직하지 않은 방법은 장소를 정해 두고 그 장소에서만 하도록 하는 것도 선행사건 변화시키기 방법이다. 식당에서만 먹기로 정한다면, 간식 횟수를 통제할 수 있을 것이다.

바람직한 행동을 할 수 있도록 주위 환경이나 시간표, 장소, 주변 사람을 바꾸는 것도 선행사건을 변경하는 방법이다. 오전에 학습활동을 배치하고, 졸리기 쉬운 오후 시간에 운동을 하거나 좋아하는 장소에서 언어학습을 할 수 있는 시간을 마련하는 것도 아동을 위한 선행사건 변화기법에 해당된다. 물론 좋아하는 선생님에게 아동이 싫어하는 밥 먹기를 배우는 것도 선행사건 변경기법이다.

2) 목표설정

목표란 개인이 해 내고자 하는 수행수준을 의미하고, 목표설정은 자신의 행동목표를 설정하는 것이다. 행동목표 설정은 자신이 하고자 하는 수행수준과 행동의 결과 및 행동발생 기간을 정하여 구체적인 목표를 정하는 것이다. 목표설정을 수행하기 위해 장단기 목표를 세워 체계적으로 진행하는 것이 중요한데, 장기목표를 위해 단기목표를 짧게 세우고 작은 것이라도 성공하는 경험이 중요하다. 아동의 경우 목표는 구체적이고 측정 가능해야 하며, 달성할 수 있는 것이어야 하고, 향상하기 원하는 것으로 시작과 끝나는 날짜를 포함하여 예상되는 성과를 글로 진술할 수 있으며, 진행되는 상황은 그래프를 그려서 보여 주거나 표를 그려 주어 시각적으로 파악해야 한다. 여기에 더하여 자기기록, 자기평가, 자기강화와 함께 사용하면 더욱 효과적이다. 글을 읽거나 쓸 수 없는 아동을 위해서는 그림을 사용하여 목표설정을 알려 주면 목표를 이해하는 데 도움을 줄 수 있다.

효과적인 목표달성을 위해 고려할 것은 다음과 같다.

① 목표는 현실적이고 구체적이어야 한다.
② 목표는 공적으로 알려야 한다.
③ 목표달성에 대해 정해진 기한을 정해야 하고 장기목표의 경우 여러 개의 단기목표로 나누어야 한다.
④ 목표 진행의 정도를 그래프로 나타내야 한다.
⑤ 본인이 목표설정에 참여하여 서약하여야 한다.

3) 자기기록

자기기록은 자기관리 기술의 대표적인 기법으로, 자신의 문제행동을 관찰하여 그 행동의 빈도, 지속시간, 강도 등을 기록함으로써 스스로 문제행동을 통제하도록 하는 방법이다. 자기행동의 양이나 질을 관찰하고 측정하여 스스로 기록하도록 하는 방법으로 자기점검, 셀프모니터링이라고도 한다. 기록은 행동 자체를 바꿀 수 있는 장점이 있는데, 자신이 주는 보상이나 자기가 주는 벌로 작용하여 스스로 감독하게 하는 효과가 있다. 여기에 더하여 그래프를 그리는 등의 시각적 효과를 더한다면 그 효과가 배가 된다. 기록하는 것만으로도 좋은 변화를 가져오므로, 제대로 했는지에 관계없이 기록을 하도록 연습해야 한다. 아동의 경우 그림이나 사진을 이용하여 어떤 행동을 하고 있는지 기록하게 하면 쉽게 도움을 받을 수 있다.

최근에는 자기기록에 휴대전화 어플을 사용하여 타이머를 작동시키는 등의 기계 사용이 도움이 된다. 조작이 가능하다면, 스톱워치나 계수기 등도 도움을 줄 수 있다. 일정 시간을 정해 놓고 자신이 어떤 행동을 하는지를 유아에게 동그라미를 그리거나 말로 기록하게 하면 말을 하거나 발달에 도움을 줄 수 있다.

4) 자기평가

자기평가는 자기행동을 정해진 기준을 근거로 스스로 평가하는 방법이다. 이때는 기준이 명확하게 설정될수록 유용하므로, 기준에 따라 관찰하고 비교할 수 있도록 도움을 주어야 한다. 행동치료에서 먼저 해야 할 일은 자신의 행동이 적절한지 부적절한지를 비교하도록 하여 치료해야 할 행동을 스스로 인식하도록 해야 한다. 결국 자기평가는 기록을 먼저 하도록 해야 하고 기록을 통해 스스로 평가하는 능력을 기를 수 있다. 아동의 경우 그림을 사용하거나 체크리스트를 사용하여 스스로의 행동이 적절한지, 잘하고 있는지를 평가하는 기술을 사용할 수 있다.

5) 자기강화

자기강화는 아동이 자신이 정한 목표를 달성하거나 스스로 정한 목표를 이루었을 때 스스로 선택한 강화제를 자신에게 제공하는 것이다. 스스로 강화제를 선택하는 것이 중요하므로, 강화제를 받을 수준을 정하는 것이 무엇보다 중요하다. 목표를 지나치게 낮게 잡거나 지나치게 높게 잡아서 연습하면서 목표의 의미를 알도록 한다. 평소 자기강화를 위해 강화물 배틀을 사용할 필요가 있다. 숙제를 하고 나면 용돈을 사용하여 간식을 사먹는다거나 중간고사를 치르고 나면 여행을 다녀온다는 등의 방법이 보편적이다.

6) 자기처벌

자기처벌은 자신의 바람직하지 않은 행동에 대해 고통스럽고 혐오적인 자극을 자기에게 제공하거나 보상을 스스로 잃게 하는 것이다. 자기처벌을 적용할 때는 정적 벌처럼 자신의 바람직하지 않은 행동 뒤에 혐오자극을 스스로 제시할 수도 있고, 부적 처벌처럼 자신의 바람직하지 않은 행동 뒤에 강화제를 스스로 제거할 수도 있다. 지각을 자주 하는 아동에게 간식시간에 스스로 청소를 하는 방법 등이 이에 속한다. 좀 더 나이든 아동의 경우 아침 6시에 일어나기를 못했다면, 집착하고 있는 휴대전화 사용을 30분간 사용하지 않는 등과 같은 방법이 효과적일 것이다.

7) 자기교수

자기교수는 자기가 해야 할 행동의 순서를 스스로 말해 가면서 하도록 하는 것이다. 어떤 행동을 하기 위해서 자기가 스스로에게 말로 도움을 주면서 스스로 가르치는 과정이라고 할 수 있다.

◆그림 7◆ 자기교수를 통한 퍼즐 끼우기

자기교수의 두드러진 특징은 자신이 하고 있는 생각과 행동을 말로 하면서 소리 내어 생각하기를 하는 것이다. 자기교수의 목적은 충동적인 아동들에게 자신을 억제할 수 있는 것이다. 퍼즐 학습처럼 복잡한 과제를 할 때 우선 퍼즐의 위치를 알아 두고 자신의 혼잣말로, '어디에 있지?' 하고 말하면서 퍼즐 뒷면에 숫자를 써 주고 같은 숫자를 찾도록 말로 도움을 주면서 스스로 하는 행동을 통제하도록 하면 도움이 된다.

8) 문제해결 훈련

문제해결은 자신에게 주어진 과제 또는 문제를 해결하기 위해 자기교수를 적용하는 것이다. 아동이 현재 벌어져 있는 문제 상황을 인식하고, 그 문제가 정확하게 무엇인지를 정의하게 하고, 문제를 일으키는 이유를 찾아내도록 하고, 문제에 대하여 해결방법을 찾아 해결해 나가는 것을 말한다.

문제해결 훈련과정은 문제해결 가능성이 있는 다양한 해결책으로 생각해 낼 수 있는 능력이다. 어떤 행동이 가져올 수 있는 결과를 볼 줄 아는 능력이다. 다양한 해결책의 결과들은 예측할 수 있는 능력이다. 문제해결능력은 어떤 행동 발생의 원인을 생각하는 능력, 즉 하나의 사건을 연관시킬 수 있는 것이다. 사람들 사이에는 문제가 있을 수 있는 능력을 인식하는 능력이다. 수단과 결과를 연결 짓고 예측하는 능력으로, 문제를 해결하기 위한 각 단계를 계획하는 데 필요한 능력이다. 사람들은 서로 다른 동기를 가지고 다르게 행동을 할 수 있음을 알고, 그 사실을 설명할 수 있는 능력이다. 창의적인 아동일수록 엉뚱하게 문제해결책을 찾아낼 수 있는데, 생각 연습을 위해 격려해야 할 일이다.

9) 분노조절 훈련

화가 난 상황에서 화를 조절하고 공격적 행동을 자제할 수 있도록 가르치는 것이다. 분노조절에서 중요한 개념은 촉발 요인, 단서, 암시, 이완, 평가라는 요소다.

촉발 요인이란 화가 나게 하는 사건을 뜻한다. 단서란 분노를 일으키는 신체적 신호를 알아차리는 것을 의미한다. 암시는 분노의 각성 상태를 줄이기 위해 사용하는 자기교수다. 이완은 자기교수를 하면서 사용할 수 있는 기법이다. 자기평가란 자기가 사용한 기법에 대한 평가와 이를 통한 수정의 기회를 의미한다. 각 단계마다 반복하여 훈련하도록 하고, 스스로 화를 통제하도록 하여 적응기능을 늘린다.

10) 긴장완화 훈련

긴장된 상황에서 일어나는 자율적 각성 상태와는 반대되는 신체반응을 훈련시키는 것이다. 긴장과 불안은 근육을 긴장시키고, 심장을 빠르게 뛰게 하고, 호흡을 빠르게 하고, 손이 차가워지는 등의 자율적 각성 상태를 일으킨다. 긴장을 완화해 주는 것에는 평화로운 음악 듣기, 명상하기, 편안한 것 상상하기, 요가, 마사지 등 여러 가지가 있는데, 가장 대표적인 것으로는 심호흡하기, 근육이완법이 있다.

점진적 근육이완법은 긴장완화에 도움을 줄 수 있다.

2. 명상훈련을 통한 근육이완 훈련*

■ 준비물

① Beethoven: Piano Sonata No.8 In C Minor Op.13 'Pathetique' − II. Adagio Cantabile(베토벤: 피아노 소나타 8번 다단조 작품번호 13 '비창'−2악장)
② 명상용 지시가 들어 있는 CD
③ 컴퓨터, 카세트
④ 편안한 의자, 소파

■ 긴장 푸는 자세

음악을 틀어 놓고, 머리를 똑바로 하고 등을 의자에 기대고 앉는다. 두 발은 바닥에 자연스럽게 두고, 두 손을 무릎에 앉은 후 천천히 힘을 뺀다. 이 자세가 긴장을 푸는 기본 자세다.

---

* 출처: 정보인(2005). 어린이 문제행동 지도, pp. 172-187.

▣ 긴장과 이완을 돕는 근육

이 자세로 편안함을 느꼈다면 이제부터 몸에 있는 근육들을 긴장시키거나 이완시킬 차례다. 긴장시키고 이완시키는 순서는 다음과 같다.

① 근육을 최고도로 긴장시킨다.
② 근육이 단단해지기까지 계속 힘을 준다(약 10초 동안).
③ 천천히 힘을 빼면서 힘을 뺀 상태를 약 10~15초 동안 유지한다.
④ ②와 ③을 3회 연속 실시한다.

몸의 특정 부위를 긴장시키고 이완시킬 때는 될 수 있는 대로 몸의 다른 부위 근육은 힘을 빼는 것이 좋다. 이것은 처음에는 힘들지 모르나 몇 번 연습하면 쉬워진다. 얼굴이나 머리 근육 같이 연습하기가 어려운 부분은 거울을 이용하면 도움이 된다. 거울을 보면서 하면 특정 부위를 집중해서 긴장시키거나 이완시킬 때 나머지 다른 부위의 근육이 같이 긴장되거나 이완되는지를 관찰할 수 있기 때문이다.

지금부터 특정 부위의 근육을 긴장 또는 이완시키는 방법을 소개하겠다. 그림을 참조하면서 지시에 따라 움직이면 된다. 일단 일련의 근육을 이완시킨 후에는 잠시 동안 그대로 휴식을 취한 후 다음 부위의 근육으로 넘어간다.

▷ 이마

콧잔등과 눈썹 주위에 힘을 주면서 위로 치켜뜨고, 앞이마에 주름이 잡힐 정도로 찡그리면서 10초간 이 상태를 유지한 후 앞이마 부위의 근육을 천천히 이완시킨다. 근육이 완전히 이완될 때까지 근육의 느슨해진 느낌이 그대로 유지되도록 노력한다. 이때 긴장시켰던 부위의 근육에서 피로가 풀림을 느끼게 될 것이다.

▷ 눈

눈 주위가 경직된 느낌이 들 때까지 눈에 힘을 주어 꽉 감는다. 10초 후 천천히 눈 주위의 힘을 빼면서 눈 주위의 근육을 이완시킨다.

▷ 코

콧잔등과 콧방울에 힘을 주면서 코를 찡그린 후(10초 동안) 천천히 코의 힘을 뺀다.

▷ 입 주위

입 주위의 힘을 잔뜩 주면서 웃을 때의 모습처럼 입을 옆으로 힘껏 벌린다. 10초 동안 그런 상태로 있다가 천천히 힘을 뺀다.

▷ 혀

혀를 입천장에 대고 힘을 잔뜩 주면 입 안, 혀, 그리고 턱 밑의 근육이 경직된다. 이 상태를 10초간 유지시킨 후 천천히 혀의 근육을 풀면서 쉰다.

▷ 턱

이를 꽉 다물고 힘을 주면 얼굴 옆면과 관자놀이가 긴장된다. 이 상태를 10초간 유지시킨 후 천천히 힘을 뺀다.

▷ 입술

입술을 앞으로 내밀어 주름을 잡으면서 힘을 준 후(10초간) 천천히 힘을 뺀다.

▷ 목

목 주위가 긴장되도록 목에 힘을 준 후(10초간) 천천히 힘을 뺀다.

목의 긴장 또는 이완 훈련 후에도 목의 피로가 풀리지 않을 경우에는 다음과 같은 목운동을 하면 도움이 된다. 목을 앞뒤로 움직인다. 앞으로 숙일 때는 턱이 가슴에 닿도록(10초간), 뒤로 젖힐 때는 머리가 등에 닿을 정도로(10초간) 젖힌다. 앞뒤 운동이 끝나면, 같은 방법으로 좌우 목운동을 한다.

▷ 팔

오른팔을 앞으로 쭉 펴고 주먹을 쥔 상태에서 힘을 주면 손끝에서 어깨까지 근육이 긴장된다. 이 상태를 10초간 유지시킨 후 힘을 천천히 뺀다. 같은 방법으로 왼팔의 근육을 긴장 또는 이완시킨다.

▷ 다리

왼쪽 다리를 쭉 편 후 발가락이 안쪽을(몸통 쪽으로) 향하도록 한 상태에서 다리 전체에 힘을 준다. 이 상태에서 10초간 힘을 주다가 같은 방법으로 오른쪽 다리를 긴장 또는 이완시킨다.

▷ 등

상체를 약간 앞으로 기울인 상태에서 양팔을 구부려 팔꿈치를 위로 올리고, 팔꿈치를 최대한 뒤로 젖힌다. 이때 어깨와 등의 근육이 긴장된다. 이 상태를 10초간 유지한 후 천천히 힘을 뺀다.

▷ 가슴

가슴에 힘을 준다. 가운데부터 시작하여 가슴 위아래 부위에 집중적으로 힘을 준 후(10초간) 천천히 힘을 뺀다.

▷ 배

배를 내밀 듯이 하면서 힘을 준다. 배꼽 부위부터 서서히 근육에 긴장을 준 후(10초간) 천천히 힘을 뺀다.

▷ 하체

등을 의자에 기대지 않은 상태에서 허리 아래 부위, 즉 허벅지, 엉덩이, 다리 근육에 잔뜩 힘을 준 후(10초간) 천천히 힘을 뺀다.

▷ 숨 쉬는 운동

앞서의 방법을 통해 온몸의 긴장을 푼 후 숨 쉬는 운동을 한다. 숨을 깊게 들이마시고 잠시 멈췄다가 천천히 내쉬는데, 이때 몸 전체의 힘을 빼면서 다음과 같은 상상을 한다. 머리부터 시작하여 몸의 각 부위의 근육을 하나씩 점검하면서 근육의 긴장이 풀리는 느낌을 확인한다. 이 과정이 끝나면 심호흡을 5회 한다. 숨을 내쉴 때 "아－이－시－원－하－다"를 아주 천천히 말하게 한다.

<효과적인 액션러닝>

▶ 자기계약법을 사용하여 자기관리 목표를 세워 봅시다.

1. 목표 세우기

2. 계약서 쓰기
   1) 계약자
   2) 계약 내용
   3) 피계약자의 계약 내용
   4) 자기보상 세우기
   5) 계약을 초과하여 달성하는 경우 보너스 항목 세우기
   6) 계약을 달성하지 못하는 경우 자기 벌 세우기
   7) 정산하기
   8) 수시로 모니터하기

3. 계약에 따라 이행 정도 자기관찰하기

4. 계약에 따라 자기기록하기

5. 스스로 계약 이행 상황 보고하기

6. 정산하여 상, 벌 적용하기

7. 그래프 그리기

8. 유지하기–3개월, 6개월, 1년 후 자기관찰하기

9. 유지되면 자기보상하기

10. 계약 보고서 쓰기

좋은 연구보다 더 좋은
개입은 없다

제27조(문화 · 예술 · 체육활동 등 지원) ① 국가와 지방자치단체는 발달장애인이 영화, 전시관, 박물관 및 국가 · 지방자치단체 등이 개최하는 각종 행사 등을 관람 · 참여 · 향유할 수 있도록 발달장애인을 지원할 수 있다.

② 국가와 지방자치단체는 발달장애인의 문화 · 예술 · 여가 · 체육활동을 장려하기 위하여 발달장애인의 특성과 흥미에 적합한 방식으로 설계된 시설, 놀이기구, 프로그램 및 그 밖의 장비 등을 지원할 수 있다.

③ 국가 및 지방자치단체는 발달장애인의 생활체육을 활성화시키기 위하여 생활체육 행사 및 생활체육 관련 단체를 지원할 수 있다.

④ 제1항부터 제3항까지에서 규정한 사항 외에 문화 · 예술 · 체육활동 등 지원을 위하여 필요한 사항은 대통령령으로 정한다.

출처:「발달장애인 권리보장 및 지원에 관한 법률」

연구는 과학이다. 깊은 탐색을 통해 문제를 진단하고 분석한다. 해결책을 찾는다. 흔히 연구하면 학자들이 하는 것으로 생각하기 쉽다. 그러나 일상생활에서도 '연구해 볼게'라는 말을 자주 사용한다. 여러 관점에서 확인하고 고려해 보겠다는 뜻이다.

행동치료에서 연구를 강조하는 것은 연구의 신뢰도와 타당도 때문이다. 신뢰도를 위해서는 누구나 믿을 수 있는 자료를 제시해야 하고, 이를 위해서는 인간행동을 자세히 관찰하게 된다. '어떤 방법을 사용했더니 좋아졌어.'라는 비과학적인 언어가 아니라 '이 방법을 사용했더니 사용 전에 비하여 80% 증가되었어.'라고 말하는 것이다.

신뢰도 높은 관찰을 위해서는 관찰의 시간, 장소가 중요하다. 일정한 장소에서 일정한 개입을 통해 관찰하였을 때 신뢰도가 높다고 말할 수 있다. 같은 장소, 같은 조건을 제시하였을 때 동일한 결과를 보일수록 믿을 만한 자료라고 할 수 있다는 것이다. 개인의 관찰 안에서 신뢰도를 재고 두 자료 간의 일치도를 본다.

또 다른 신뢰도 높은 관찰은 두 사람이 서로 관찰을 한 후에 결과를 비교하는 것이다. 두 관찰을 비교해 보았을 때 같은 결과를 보일수록 신뢰도 높은 결과라고 할 수 있다. 개인 간의 관찰을 비교하여 일치도를 보는 방법이다.

흔히 타당하다는 표현은 '잴 것을 쟀느냐'를 설명할 때 사용된다. 말하기 능력을 측정할 때는 말을 이해하는 능력, 표현하는 능력, 사용하는 능력을 재는 것이다. 누가 보아도 말하기 능력을 쟀다고 할 수 있다. 만약 말하기 능력을 재면서 수학문제를 제시한 후에 그 결과를 사용하여 말하기 능력에 대하여 논의한다면 동의할 수 없을 것이다.

좋은 연구는 좋은 개입이다. 신뢰롭고 타당한 연구기법을 사용하여 개입하는 방법을 연구한다면 치밀하고 효과적인 개입법이 될 수 있다.

<효과적인 액션러닝>

▶ 개입을 위한 단일사례연구법을 사례를 통해 알아봅시다.

1) 반전설계

2) 복식기초선설계
   (1) 사람 간

   (2) 행동 간

   (3) 장면 간

3) 기준변경법

4) 중재비교법

제14장

행복하게 사는 길—
긍정적 행동지원

어떤 이유로든 행동장애를 보이는 아동과 함께 하는 일은 지치고도 힘겨운 일이다. 가족은 하루에 많은 시간을 아동과 함께 하기 때문에 스트레스의 강도는 이루 말할 수 없다. 스트레스의 자극의 강도는 어쩔 수 없이 일어나고 있지만, 반응의 기술이나 태도에 따라서는 완화될 수도 있고 예방할 수도 있다.

아동의 기질에 따라, 부모나 양육자, 교사의 기질에 따라 같은 자극도 다른 반응이 될 수 있다. 가능한 따뜻하게, 그러나 엄격하게 일관성 있는 도움을 주도록 한다.

1. 다운증후군 5세 여아를 가진 53세 엄마

20년 전 다운증후군 여자아이가 엄마, 아빠의 손을 양손에 잡고 그네를 타듯 흔들거리며 연구소를 찾아왔다. 예쁘고 매력적인 여자아이는 해맑게 웃고 있었다. 머리에는 하얀 머리띠를 두르고 왔는데, 혼인서약을 앞둔 신부처럼 빛났다. 엄마는 딸의 얼굴을 연신 바라보며, 귀여워서 어찌할 줄 모르는 표정을 지었고, 아빠는 딸과 딸을 흡족하게 바라보는 아내의 얼굴을 번갈아 보며 기쁨의 미소를 지었다. 엄마와 아빠의 나이차가 다섯 살쯤 된다고 하였으니, 50대 중반을 넘어선 아빠의 여유로운 모습이었다.

상담을 위해 내력 조사를 하고, 무슨 도움이 필요한지를 물었다. 엄마는 필요한 도움은 없고 다른 아이들과 어울리면서 배울 수 있는 프로그램이 있느냐고 물었다. 아동은 독립적으로 키워진 모습이었다. 정수기에서 컵에 물을 손수 떠다가 상담을 위해 앉아 있는 엄마에게도 한 잔을 갔다 드리고, 그 옆에서 상담 석에 앉아 있는 아빠에게도 물 한 컵을 건네더니 내게도 물을 마시겠느냐고 하였다. 물론 대화가 원활할 정도의 언어발달이 되어 있지 않아서 손짓 발짓을 다하였지만 의사소통을 하기에는 충분했다.

수많은 아동과 가족을 상담하다 보면, 대부분의 부모님들은 얼굴이 그늘져 있거나 자주 울거나 불행감을 감추지 않는다. 심지어는 가끔 세상을 등진 경우도 있었다. 그러나 이 부모님은 장애를 가진 자녀를 받아들이고, 잘 살아가고 있었다. 대화 말미에는 항상 '우리 천사가!'라는 말을 빼놓지 않고 하고 있었다.

무엇이 이러한 차이를 만들었을까? 아동은 순한 기질에, 엄마, 아빠가 기대하지도 않은 연령에 아이를 낳았고, 그 아이를 신이 준 선물이었다고 하였다. 부모는 다운증후군을 가진 아이든, 비장애 아이든 간에 충분히 받아들이고 있었고, 어떤 도움을 주어야 할까에 몰두해 있었다. 물론 나이 든 형제자매가 있었고, 어린 동생을 예뻐하기는 마찬가지였다.

그 후로 그 아동에게 집단 프로그램에 배치하고, 언어치료나 행동치료를 병행하면서 도움을 주었지만, 부모의 얼굴에서 한 번도 불행감을 찾아보지 못하였다. 강단에 선 이후에도 그 아이를 바라보던 부모의 얼굴이 가끔씩 떠오른다.

2. 친구의 별명을 부르다가 괴롭힘을 당한 아스퍼거 증후군 아이

아스퍼거 진단을 받은 아동의 이야기다. 지금은 30세가 훌쩍 넘은 청년의 이야기다. 이 아동은 머리가 좋고 말을 잘하며, 항상 궁금증이 많은 아동이었다. 서울 한강 다리 개수가 몇 개인지, 친구는 나보다 키가 몇 cm 큰지, 강아지를 왜 강아지라고 부르는지 궁금증이 많아 끊임없이 질문하는 창의적인 아동이었다.

이 친구의 호기심은 물건이나 동물을 지나, 어느덧 사람의 이름에 이르렀다. 친구들의 이름 중 자신이 아는 명칭과 이름이 나오면 지나치지 않고 별명을 만들어 불렀다. 대부분의 장애아동은 그 장애가 어떤 유형이든 이 아동의 별명 부르기에 대하여 관대하였다. 초등학교에 입학하였고 마침 옆 짝의 이름이 '한아름'이었다고 한다. '물건을 한아름 안고 걸었다', '꽃이 한아름 피었다'…….

아동은 드디어 친구의 이름을 별명으로 삼았다. 한아름을 부르면서 그 짝에게 놀렸고, 여자아이는 한아름이라는 별명을 들을 때마다 화를 내었다. 짝꿍 여자아이가 울부짖고 화를 냈음에도 아동은 더 재미있어서 낄낄거리고 웃으면서 '한아름이래요~', '한아름이래요~'라고 놀렸다. 한 반에 한아름과 친해지고 싶은 남자아이가 있었다. 한아름이 별명을 듣고, 우는 행동이 반복되자 학급의 다른 친구들이 이 아동에게 관심을 보였다. 친구들은 아동을 괴롭히기 시작했다. 쉬는 시간마다 화장실로 데리고 가서 때리고, 머리를 세면대 안에 넣고 모르는 척하기도 하였으며, 때로는 더 심하게 괴롭혔다. 물론 선생님이 감독하기 어려울 때 괴롭힘은 지속되었다. 엄마가 알게 되었다. 어떻게든 해결하고자 하였으나 학교 교육으로는 감당하기 어려워서 학교를 그만두었다. 이상은 그 부모가 어려움을 겪은 이야기를 총동원하여 가상으로 쓴 이야기다.

<효과적인 액션러닝>

▶ 다음을 고려하여 행복하게 사는 길을 모색해 봅시다.

1. 아동의 기질(순한 아동, 둔한 아동, 민감한 아동)

2. 부모, 교사의 기질
   1) 낙천적 성인
   2) 조급한 성인
   3) 까다로운 성인
   4) 느긋한 성인

3. 따뜻한, 그리고 엄격한 태도
   1) 예방
   2) 따뜻한 중재
   3) 시스템 중재
   4) 엄격한 중재

3. 행복하게 더불어 살기

앞의 두 사례 이야기는 장애를 가진 부모에게 낯설지 않은 이야기일 것이다. 첫 번째 대상 아동의 형제는 그 후로 다른 사람을 돕는 전문인력이 되었다는 소식을 전해 들었다. 가족이 장애를 수용하고, 받아들이면서 가족지원이 잘된 표본을 찾을 수 있다.

두 번째 사례는 주변에서 흔히 들었던 이야기일 것이다. 지금이야 아동학대법이니 인권법이니 보호 장치를 갖고 있지만, 20여 년 전만 해도 우리나라는 장애아동을 양육하기에 안전하지 않은 환경이었다. 지금도 해결할 문제가 산적해 있지만 말이다. 많은 아동들이 아직도 학교적응에 어려움을 겪고 있고, 직업재활이 어려우며, 형제자매가 동생이나 형, 누나의 어려움으로 인하여 관심을 덜 받아 청소년기를 어렵게 살고 있다는 너무도 뻔한 스토리를 말이다. 〈말아톤〉의 초원이와 엄마의 고군

분투하는 모습, 아빠의 부적응, 동생의 좌절 등이 그려질 것이다.

어차피 해결할 수 없는 스트레스는 덜 받는 것이 상책이다. 스트레스는 자극으로서의 스트레스와 반응으로서의 스트레스로 나누어 설명하는데, 스트레스라고 해서 모두 나쁜 것은 아니다. 일찍이 일류가 사냥을 하거나 싸움을 할 때 스트레스가 없었다면 현재까지 인류가 이어지지 않을지도 모른다.

사별이나 이별 같은 큰 사건은 스트레스 유발도 크지만 상황을 겪은 후에는 오히려 해결될지도 모른다. 그러나 생활 가운데 벌어지는 사소한 스트레스는 반복되어 나타나는 자극을 대처하느라 온 에너지가 그 사건에 집중된다. 일정 기간 스트레스 상황에 노출되고 나면 더 이상 에너지를 쓸 수 없을 만큼 소진된 자신의 모습을 발견할 수도 있다.

장애를 가진 가족의 경우 반복된 아동의 문제행동으로 이미 번아웃 되었을 것이다. 자극으로서의 스트레스는 쉽게 해결될 수 없으므로, 적절한 중재, 치료, 개입을 하도록 하여 대처기술을 익히는 것을 추천한다.

반면 반응으로서의 스트레스는 어느 정도 통제 가능하다. 실제로 대처기술을 익혀 문제행동을 관리할 수 있다는 자신감이 있다면, 얼마든지 완화할 수 있다. 따라서 아동의 문제행동에 대하여 무디게 반응하고 적절한 전문가를 활용하도록 할 것이다. 그밖에도 정부의 정책을 적절하게 사용하여 쉼터 프로그램을 자주 사용하면 도움이 된다. 주간치료실이나, 어린이집, 유치원, 특수학교 등 다양하게 지원하는 정책을 최대한 사용할 필요가 있다. 전문가들은 이러한 정보를 공유하고 가족지원을 위해 도움을 줄 수 있다.

현재 우리나라는 각종 바우처 제도를 사용할 수 있는 제도가 있으며, 「장애인 등에 대한 특수교육법」의 근거하에 의무교육 및 무상교육 제도가 잘 구비되어 있다. 집 가까운 교육지원청 특수교육지원센터에 문의하여 도움을 청하면 된다. 최근에는 「발달장애인 권리보장과 지원에 관한 법률」이 통과되었고, 중앙아동발달지원센터를 중심으로 각종 가족지원의 제도가 있으므로, 이 제도를 이용할 수 있는 방법을 찾도록 도움을 주면, 가족의 어려움은 경감될 것이다. 법령에 대한 정보는 이 책 부록을 참조할 수 있다.

아동의 기질이 순할수록, 부모의 성향이 느긋하고 낙천적일수록 행복하게 살아갈 확률이 높아진다. 여유를 가지고 돕고 있는 '천사'의 부모처럼!

<효과적인 액션러닝>

▶ 휴식을 위해 전국 명소를 찾아 자원봉사자와 함께 여행을 계획해 봅시다.

1) 명소 찾기

2) 편의시설 잘된 곳 찾기

3) 여행 계획 세우기

4) 자원봉사 학생 모집하기

5) 함께 즐기기

6) 더불어 살기 방법 찾기

부록

1. 행동치료 단어 사전

1차 강화인자: 개인에게 음식같이 생물학적으로 중요한 자극을 말한다. 자극은 본능적으로 동기화된다. 자연적 강화, 학습되지 않고 배운 강화, 무조건적 강화인자라고도 한다.

2차 강화인자: 초기에는 중립적이나 1차 강화인자와의 일치과정을 통하여 강화의 속성을 갖게 된 자극을 말한다. 조건강화인자라고도 한다.

AB 설계: 행동 변화를 나타내는 단일대상 자료를 그래프로 나타내기 위한 형식으로 AB 설계는 기초선(A)과 중재(B)의 2개 구간을 갖는다. 이 설계는 독립변인의 효과를 복제하지 않기 때문에 독립변인과 종속변인 간의 기능적 관계를 입증할 수 없다. 이것은 기본적인 설계로서 이것을 확장하여 기능적 관계를 결정하는 단일대상 실험설계가 만들어진다.

ABAB 설계: 독립변인이 철회되었다가 다시 적용되는 AB 설계의 확장을 말한다. 이러한 반전설계는 독립변인과 종속변인 간의 기능적 관계를 입증할 수 있다.

가로좌표: 그래프의 수평축 혹은 X축을 말한다. 가로좌표에는 시간차원(회기)이 제시된다.

간격스케줄: 행동 발생에 대해 특정 기간 혹은 시간 간격에 따라 강화인자를 전달하는 스케줄을 말한다.

간격기록법: 관찰기간이 짧은 간격으로 나누어지는 관찰기록 체계를 말한다. 관찰

자는 행동 사례가 아닌 행동이 발생한 간격의 수를 센다.

간헐스케줄: 모든 정반응이 아닌 몇몇 정반응 혹은 적절한 반응에 강화가 주어지는 스케줄 혹은 적절한 행동기간이 경과되었을 때 강화가 주어지는 스케줄을 말한다. 여기에는 비율, 간격, 반응–지속시간 스케줄이 포함된다.

강화스케줄: 강화인자 전달을 위한 시간패턴을 말한다(간헐스케줄, 간격스케줄, 비율스케줄, 반응지속시간스케줄 참고).

강화인자 표집: 학생을 잠재적 강화인자에 접하도록 하는 것을 말한다. 교사는 강화인자 표집을 통하여 학생에게 가장 효과적인 강화인자가 무엇인지를 결정할 수 있다. 또한 그것은 학생이 이전에 몰랐던 잠재적 강화인자에 익숙하게 해 준다.

강화지연스케줄: 반응의 다양성을 격려하기 위해 설계된 강화스케줄을 말한다. 반응이 특정수의 이전 반응과 다를 때 지연스케줄로 강화된다.

경향: 그래프에 나타나는 자료의 특징을 말한다. 상향이나 하향 경향은 동일한 방향으로 3개의 자료점이 존재하는 것이다.

계약: 강화에 대한 유관을 문서화한 것을 말한다.

고정간격스케줄: 행동 발생에 대해 특정 기간 혹은 시간 간격에 따라 강화인자를 전달하는 스케줄 중 시간 간격이 고정적인 것을 말한다.

고정비율스케줄: 정반응수에 따라 강화인자를 제공하는 스케줄 중 적절한 반응수에 따라 강화가 일정하게 주어지는 것을 말한다.

과잉교정: 부적절한 행동 발생을 감소시키기 위해 사용되는 절차로, 적절한 행동을 과장되게 경험하도록 가르치는 것이다.

과제분석: 복합행동을 부분적인 요소로 나누는 것이다. 바지를 갈아입기 위해 바지 앞뒤 구분하기, 한 발 끼우기, 다른 발 끼우기, 바지 올리기, 엉덩이까지 끌어올리기로 부분을 나누어 가르치는 것을 말한다.

관찰기록 체계: 실제의 행동 발생을 기록하는 데서 사용되는 자료수집방법(사건기록법, 간격기록법, 지속시간기록법, 반응시간기록법)을 말한다.

교대중재설계: 두 가지 이상의 중재효과를 비교하는 단일대상 실험설계를 말한다. 이것은 중재(때로는 기초선 포함한다)가 일정한 순서로 변경된다기보다는 임의로 변경된다는 점에서 다른 단일대상설계와 다르다.

교환강화인자: 특정 수의 토큰이나 포인트 등을 교환할 때 받는 물건을 말한다.

기능분석: 기능적 관계를 입증하기 위해서 행동을 야기하거나 유지하는 것으로 생각되는 변인을 조작함으로써 가설적 관계를 검사하는 절차를 말한다.

기능적 관계: 종속변인과 독립변인 간 인과관계를 말한다. 이 관계는 독립변인의 도입과 조작의 결과로 종속변인이 바람직한 방향으로 체계적 변화를 이룰 때 존재한다.

기능적 등가훈련: 문제행동에 대해 기능평가 및 기능분석을 먼저 하고, 이를 대치할 수 있는 사회적으로 적절한 행동을 가르치는 과정을 말한다.

기능평가: 행동을 야기하거나 유지하는 변인에 대한 가설을 세우기 위해서 정보를 수집하는 것을 말한다. 면접, 체크리스트, 직접관찰로 이루어질 수 있다.

기초선 자료: 목표행동의 작동수준을 나타내는 자료점이다. 작동수준은 중재 전 자연적인 행동 발생이다. 기초선 자료는 중재 절차의 결과를 비교할 수 있는 사전검사와 유사한 목적으로 사용된다.

다른 행동 차별강화: 목표행동이 특정 기간 동안 나타나지 않았을 때 강화를 제공한다. 이때 강화는 행동이 발생되지 않을 때 주는 것으로 발생되지 않는 것이 강화의 이유가 된다.

단일대상연구: 개인의 통제를 다룬 실험연구를 말한다. AB 설계, 교대중재설계, 조건변경설계, 준거변경설계, 복식기초선설계, 반전설계 등이 있다.

대체행동차별강화: 아동이 현재 나타나고 있는 것보다 더 적절한 행동을 강화하는 것이다. DRA는 흔히 행동의 방향을 고치는 것과 연계하여 사용된다.

독립변인: 행동을 변화시키기 위해서 실험자가 조작하는 개입 혹은 중재로서, 치료 기법, 교육 방법 등 행동에 영향을 미치는 것을 말한다.

동시촉진: 정반응을 유발하는 즉각적이고 통제적인 촉진을 주는 것을 말한다.

등가자극: 상호 교환 가능하고 동일한 반응을 일으키는 자극을 말한다.

막대그래프: 수직적 막대그래프를 이용하여 수행수준을 나타낸 그래프다.

모델링: 모방 반응을 촉진하기 위해서 바람직한 행동을 시범 보이는 것을 말한다.

무조건 혐오자극: 개인에게 신체적 고통이나 불쾌함을 가져오는 자극으로 일반적인 자극, 자연적인 자극, 혹은 비학습된 혐오자극이라고 한다.

반복 측정: 검사나 조사와 같은 단일 측정이기보다는 학생의 행동에 대해 수많은 측정을 하는 단일대상설계의 필요조건을 말한다.

반응일반화: 목표행동이 수정되었을 때 유사한 행동의 예정되지 않은 변화를 말한다.

반응지속시간스케줄: 학생이 얼마나 오랫동안 연속적 행동을 하는가에 따라 강화가 제공되는 강화스케줄을 말한다.

반응대가: 행동 발생에 따라 특정 강화인자의 양을 철회함으로써 부적절한 행동을 강화시키는 것이다.

반응시간기록법: 자극의 제시와 반응의 시작 간 시간의 양을 기록하는 방법이다.

반전설계: 기능적 관계의 존재를 입증하기 위해서 중재 후에 중재 조건을 제거하는 단일대상연구다. 이 설계는 기초선, 중재, 중재 제거(기초선으로 복귀), 재중재의 4구간을 가진다(ABAB 설계라고도 한다).

배경사건: 문화적 영향력에서부터 불편한 환경에 이르기까지 임시적으로 강화인자의 힘을 변경하는 개인 삶에서의 환경 요인을 말한다.

배제타임아웃: 학생을 활동에서 제외시켜 강화에의 접근을 거부하는 것이다.

벌: 미래의 행동 비율이나 가능성을 감소시키는 것으로, 반응 뒤에 즉각적으로 제시되는 자극을 말한다.

벌인자: 미래의 행동 비율이나 기능성을 감소시키는 후속자극을 말한다.

변동간격스케줄: 행동 발생에 대해 특정 기간 혹은 시간 간격에 따라 강화인자를 전달하는 스케줄로서, 시간 간격이 변하는 경우를 말한다.

변동반응지속시간스케줄: 학생이 얼마나 오랫동안 연속적 행동을 하는가에 따라 강화가 제공되는 강화스케줄로, 강화를 위한 시간이 변하는 경우를 말한다.

변인: 연구에 포함된 개인이나 연구의 환경과 연관된 조건에 유일하게 존재하는 속성을 말한다.

부적 강화: 반응 뒤의 즉각적인 혐오자극의 제거로서, 부적 강화는 미래의 행동 비율이나 가능성을 증가시킨다.

부적 연습: 부적절한 행동의 집중적인 혹은 과장된 연습으로 피로나 포만의 결과로 행동 발생의 감소가 뒤따른다.

불연속적 행동: 시작과 끝을 분명하게 변별할 수 있는 행동이다.

비배제타임아웃: 강화인자가 주어지고 있는 교육 장면에서 학생을 제외시키지 않는 타임아웃 절차다. 교사는 강화에의 접근을 거부하고 접근이 거부되는 시간을 알리기 위해 환경을 조작한다.

비유관강화: 학생의 행동에 상관없이 미리 설정된 간격에 따라 강화인자를 제공하는 것이다.

비율부담: 행동의 적절한 비율을 유지하기 위한 정반응과 반응 간 비율이 너무 크다고 할 만큼 강화스케줄이 빠르게 약화될 때 생기는 행동의 혼란을 말한다.

비율스케줄: 정반응 수에 따라 강화인자를 제공하는 스케줄이다.

빈도: 관찰 기간 동안에 발생한 행동의 수를 말한다.

사건기록법: 관찰기록 절차의 하나로, 관찰 기간 내에 발생하는 행동의 빈도나 득점을 기록한다.

사회적 강화인자: 얼굴표정, 가까이 가서 친근감 표현하기, 접촉, 특권, 약속, 말씨 등 2차 강화인자의 한 종류를 말한다.

선제자극: 행동에 선행하는 자극으로, 이 자극은 특정 행동에 대한 변별자극이 될 수도 있고 되지 않을 수도 있다.

세로좌표: 그래프의 세로축 혹은 Y축을 말한다. 세로축에는 목표행동의 양이나 수준이 제시된다.

소거: 행동 발생을 감소시키기 위해서 이전에 강화된 행동에 대해 강화를 보류한다.

습득: 아동의 기초적 반응능력 수준을 말한다. 새롭게 학습한 반응을 일정 수준의 정확성으로 수행하는 것은 아동의 능력을 암시한다.

시간표집법: 관찰 기간을 동일한 간격으로 나누고 각 간격의 마지막 순간에 목표행동이 발생하는지를 관찰하는 관찰기록체계를 말한다.

시도: 행동 발생을 위한 불연속적 기회를 말하며 시도는 선제자극, 반응, 후속자극 등의 세 가지 행동 요소로서 조작적으로 정의된다. 선제자극의 제시는 시도의 시작을 나타내며, 후속자극의 제시는 시도의 종료를 알리는 것이다.

시작행동: 어떤 중요한 차원에 대해 종료행동과 유사하고 이미 수행할 수 있는 행동을 말한다.

신뢰도: 관찰자들이 독립적으로 수집한 자료의 일관성으로, 신뢰도 계수는 다음의 공식으로 결정되며 관찰자 간 일치도라고도 한다.

관찰자 간 일치도

$$\frac{\text{동의}}{\text{동의+비동의}} \times 100 = \text{일치(\%)}$$

약화: 강화를 점진적으로 드물게 하는 것 또는 적절한 행동이 더 많이 나타나야 강화하는 것을 말한다.

상반행동차별강화: 감소시키기 위한 목표행동과 형태적으로 양립할 수 없는 행동을 강화하는 것을 말한다.

연쇄: 행동을 순서대로 강화하여 복합적 행동을 가르치는 교수절차를 말한다.

영속적 산물기록: 학업과제와 같은, 행동의 결과로 초래된 실체나 환경적 결과를 기록한다(결과기록법이라고도 한다).

용암: 독립적으로 반응을 야기하도록 하기 위한 점진적 촉구 제거를 말한다.

유관관찰: 아동에게 참여하지 않고 다른 학생을 보게 하는 절차를 말한다.

유지: 시간을 넘어, 체계적 응용행동분석 절차가 철회된 후에도 행동을 수행하는 능력을 말한다.

유창성: 아동 능력의 두 번째 수준으로, 아동이 정확하게 행동을 수행한 비율을 나타낸다.

응용행동분석: 사회적으로 중요한 행동을 의미 있는 수준으로 변화시키기 위한 행동원칙의 체계적 적응을 말한다. 이러한 원칙의 사용자는 연구도구를 통하여 행동과 중재 간의 기능적 관계를 입증할 수 있다.

일반화: 아동의 수행능력을 처음 습득 시에 설정된 조건 이외로 확장한다.

자극촉구: 무오류학습절차에서 흔히 사용되는 정반응 가능성을 높이기 위한 자극의 변경을 말한다.

자극통제: 선제자극이 행동을 야기하거나 행동 발생을 위한 단서로 작용하는 관계를 말한다.

자극포만: 이전에 어떤 반응을 일으켜 왔던 사물이나 사건이 너무 자주 제시되어 더 반응을 일으키지 못하는 상태를 말한다.

자기강화: 스스로 후속 반응을 관리하는 것을 말한다.

자기교수: 특정 행동을 관리하거나 유지하기 위해서 학생이 스스로에게 언어적 촉구를 제공하는 과정을 말한다.

자기기록: 자신의 행동에 대한 자료수집(자기관찰, 자기평가, 자기점검이라고도 한다)을 말한다.

자기 벌: 행동에 대해 벌의 후속반응을 주는 자기관리를 말한다.

자발적 승인: 협박이나 보상에 의하지 않고 얻어지는 승인을 말한다.

저비율행동차별강화: 특정 기간 동안의 행동수가 미리 설정한 한계보다 적거나 같을 때 강화를 제공한다. 이것은 행동을 기초선이나 자연적으로 발생하는 빈도보다 낮은 일정 비율로 유지시킨다.

정적 강화: 미래의 반응 비율이나 가능성을 증가시키는 반응 뒤의 즉각적인 자극 제시를 말한다.

정적 강화인자: 반응 후에 즉각적으로 제시되었을 때 그 반응이 미래에 나타날 비율이나 가능성을 증가시키는 자극을 말한다.

조건: 행동이 수행되는 자연적 환경이나 교사가 만든 환경을 말한다.

조건혐오자극: 고통이나 불쾌감 같은 무조건적 혐오자극과의 짝짓기를 통하여 2차적으로 혐오적 속성을 획득한 자극을 말한다.

조건변경설계: 효과를 비교하기 위해서 행동수행 조건을 연속적으로 변경하는 단일대상 실험설계를 말한다. 이 설계는 변인들 간 기능적 관계를 입증하지 않는다. ABC 설계라고도 한다.

조건화된 강화인자: 무조건 강화인자 혹은 자연적 강화인자와의 짝짓기를 통하여 강화기능을 획득한 자극을 말한다.

조작적 정의: 목표행동의 구체적 예를 제시하는 것으로 행동 발생에 대한 관찰자 간의 불일치를 최소화한다.

종료행동: 중재의 궁극적 목적(형성에 사용된다)을 말한다.

종속변인: 중재를 통해서 변화될 행동을 말한다.

준거변경설계: 강화를 위한 준거를 연속적으로 변경하는 단일대상 실험설계를 말한다. 준거는 순차적 방식으로 증가되거나 감소된다.

중간행동: 종료행동의 연속적 근사치를 나타내는 행동(형성에 사용되는)을 말한다.

중다간헐기법: 길어진 중다기초선 동안의 연속적 측정에 대한 대안을 말한다. 연구자는 중재 이전에 학생의 행동이 변화하지 않았음을 증명하기 위해 매 회기마다 학생의 반응을 기록하기보다는 이따금씩 혹은 스케줄에 맞추어 측정한다.

중다기초선 설계: 3명 이상의 학생을 세 가지 이상의 행동, 세 가지 이상의 장면을 통해 중재가 복제되는 단일대상설계를 말한다. 독립변인의 체계적이고 순서적인 도입에 따라 종속변인이 변화하는 것을 보임으로써 기능적 관계를 입증한다.

중재: 개인의 행동을 변화시키기 위해서 만들어진 환경의 변화를 말한다.

지속시간기록법: 관찰기록 절차 중 하나로 행동의 시작과 종료 간 시간의 양을 기록하는 방법을 말한다.

집단설계: 개인의 수와 관련된 자료에 초점을 맞추는 실험연구를 말한다.

짝짓기: 2차 강화인자를 조건화하기 위해 1차 강화인자와 2차 강화인자의 동시적 제시를 말한다. 일단 결합이 형성되면 2차 강화인자는 강화기능을 갖게 되고, 1차 강화인자는 더 이상 필요하지 않게 된다.

촉구: 바람직한 반응의 원인이 될 가능성을 증가시키는 보충적 자극(보충적 선제자극이라고도 한다)을 말한다.

타임아웃: 학생을 일정 기간 동안 강화 기회에 접하지 못하게 함으로써 부적절한 행동을 줄이는 것을 말한다.

포만: 결핍 상태가 더 이상 없을 때 발생하는 조건을 말한다.

프로브: 연속적이기보다는 정해진 간격에서의 자료수집을 말한다.

프리맥 원리: 고비율 활동이 저비율 활동의 정적 강화인자가 될 수 있다는 원칙을 말한다. 활동강화라고도 한다.

행동: 개인의 관찰 가능하고 측정 가능한 활동을 말한다(반응이라고도 한다).

행동추출: 변화의 표적이 되는 행동을 측정 가능하고 관찰 가능한 용어로 상술한다.

혐오자극: 후속자극으로 제시되었을 때 벌인자의 형태로서 행동의 비율이나 가능성을 감소시키는 자극을 말한다. 혐오자극은 또한 부적 강화인자와 같이 후속 반응으로서 제거되었을 때 행동의 비율과 가능성을 증가시킬 수도 있다.

형성: 특정 표적행동의 연속적 근사치를 차별강화함으로써 새로운 행동을 가르치는 것을 말한다.

후속결과: 특정 반응에 유관되어 제시되는 자극을 말한다.

휴대 테크놀로지: 교육 애플리케이션이 있는 휴대용 전자디바이스 종류를 말한다. 비디오, 오디오 녹음기, 듣기 디바이스, 개인용 디지털 보조 장치, 휴대용 전자 키보드, 디지털카메라, 스마트폰 등이 포함되나 이에 한정되는 것은 아니다.

2. 사용하기 편한 서식

1) 문제행동이 자주 일어나는 시간을 알아보는 표

하루 일과표

※ 시간에 해당되는 과목, 주제 등을 수정하여 사용할 수 있음
    해당 시간에 문제행동 발생 가능성 수준을 의미하는 숫자에 ∨ 하면 됨
    문제행동의 심각성 정도를 의미하는 숫자에 ○표 하면 됨

이름 _____   년   월   일   요일

주 문제
물기: _____

시간	문제행동 심각성 및 발생 가능성					
	없음 0	매우 낮음 1	낮음 2	보통 3	높음 4	매우 높음 5
자유놀이(09:00~09:30)						
이야기 나누기(09:30~10:00)						
운동 및 놀이(10:00~110)						
간식(11:00~11:40)						
미술(11:40~12:20)						
점심(12:20~13:20)						
인지(13:20~13:50)						
간식(13:50~14:40)						
일상생활(14:40~15:30)						
하원(15:30~16:00)						
계(총 빈도)						

※ 아동의 연령에 따라 프로그램 순서를 바꿀 수 있음
    요일에 따라 프로그램 순서를 바꿀 수 있음
    일상생활 시간에 옷 입기, 가방 메기 등의 독립기술을 훈련시킬 수 있음
    하원을 준비하는 동안 하루 생활을 정리해 줄 수 있음-빈도분석 후 그래프 그리기

기록자 _____

출처: 양명희(2016).

2) 문제행동이 일어나는 이유를 알아보는 표

동기평가척도

아동 성명		평가자		평가 일	
문제행동					
평가 장소					

[지시문] 먼저 걱정되는 문제행동을 선택하여 최대한 구체적으로 기술하십시오. 예를 들어, '공격적이다.'라고 표현하기 보다는 '옆 친구를 때린다.'로 기술하는 것이 좋습니다. 평가할 행동을 구체적으로 기술했으면 아래의 각 문항을 주의 깊게 읽고 그 행동을 가장 잘 묘사하는 것으로 생각되는 점수에 ○표 하십시오.	전혀 그렇지 않다	거의 그렇지 않다	보통 그렇지 않다	중간정 도 그 렇다	대개 그렇다	거의 항상 그렇다	항상 그렇다
1. 위의 문제행동은 아동이 오랜 시간 혼자 있을 때 계속해서 반복적으로 일어납니까?	0	1	2	3	4	5	6
2. 위의 문제행동들은 어려운 과제를 수행하기를 요구한 후 일어납니까?	0	1	2	3	4	5	6
3. 위의 문제행동은 다른 사람들과 이야기하고 있을 때 일어납니까?	0	1	2	3	4	5	6
4. 위의 문제행동은 전에 아동이 가질(먹을/할) 수 없다고 들은 적이 있는 장난감(음식/활동)을 가지기(먹기/하기) 위해 일어납니까?	0	1	2	3	4	5	6
5. 위의 문제행동은 주위에 아무도 없으면 아주 오랜 시간 동안 반복적으로 일어납니까?	0	1	2	3	4	5	6
6. 위의 문제행동은 아동에게 어떤 요구를 할 때 일어납니까?	0	1	2	3	4	5	6
7. 위의 문제행동은 아동에게 관심을 보이지 않을 때마다 일어납니까?	0	1	2	3	4	5	6
8. 위의 문제행동은 아동이 좋아하는 장난감(음식/활동)을 철회할 때마다 일어납니까?	0	1	2	3	4	5	6
9. 아동은 맛보거나 바라보거나 냄새 맡거나 듣는 것을 좋아합니까?	0	1	2	3	4	5	6
10. 아동에게 어떤 것을 요구할 때, 아동은 상대방을 당황스럽게 하는 행동을 합니까?	0	1	2	3	4	5	6

11. 아동에게 관심을 주지 않을 때, 아동은 상대방을 당황스럽게 하는 행동을 합니까?	0	1	2	3	4	5	6
12. 위의 문제행동은 아동이 요구한 장난감(음식/활동)을 제공한 후 곧 중지됩니까?	0	1	2	3	4	5	6
13. 위의 문제행동은 발생할 때 아동은 주위에서 일어나는 일을 의식하지 못합니까?	0	1	2	3	4	5	6
14. 위의 문제행동은 아동의 요구를 들어준 후 곧(1~5분) 중지됩니까?	0	1	2	3	4	5	6
15. 위의 문제행동은 상대방과 함께 시간을 보내기 위해 발생합니까?	0	1	2	3	4	5	6
16. 위의 문제행동은 아동이 원하는 일을 할 수 없다는 말을 들었을 때 일어납니까?	0	1	2	3	4	5	6

구분	감각	회피	관심 끌기	선호 물건/활동
문항 점수	1. _____ 5. _____ 9. _____ 13. _____	2. _____ 6. _____ 10. _____ 14. _____	3. _____ 7. _____ 11. _____ 15. _____	4. _____ 8. _____ 12. _____ 16. _____
전체 점수				
평균 점수				
상대 순위				

출처: Durant & Crimmins (1988).

3) 모든 지시에 학습이 일어나고 있는지를 알아보는 표

반응기회 관찰기록법

대상자 이름: _____ 날짜: _____ 년 ___ 월 ___ 일 ~ ___ 월 ___ 일
관찰자 이름: _____ 행동: 20개 단어 중 정확하게 읽은 단어 수

부진 아동 문자지도 결과표

	자료 1 월 일	자료 2 월 일	자료 3 월 일	자료 4 월 일	자료 5 월 일	자료 6 월 일	자료 7 월 일
1	아가	가수	고기	구두	가거라	드리다	파자마
2	파다	피부	이모	부츠	오너라	로보트	두루미
3	하마	바보	누나	두부	기리다	스스로	수세미
4	사자	수리	오리	다리	어머니	다리미	아저씨
5	차다	조사	나무	소주	아버지	스티커	아주머니
6	나라	미소	우리	가다	부수다	마시다	카나리아
7	파자	바지	이사	우주	푸르다	리어카	사투리
8	하자	사소	허파	두루	구르다	고사리	타자기
9	사라	마루	고모	고파	그치다	저고리	다시마
10	바다	소파	고추	자아	오로지	기러기	피아노
11	가파	보더	으퍼	차거	크리퍼	허수가	히투퍼
12	하타	토니	키호	쿠자	오수가	스사히	자보트
13	나자	차카	히가	허푸	구수미	나다라	자피기
14	카라	아터	프너	타처	가라미	보무스	트코머
15	사바	초푸	투로	더저	크디러	이즈쿠	거더두
16	차바	즈치	코미	치투	바소서	초터파	타프보
17	마사	기바	처부	가트	도부사	하피트	누라우
18	차카	노러	자우	히피	크리키	쿠츠초	추너프
19	나파	도므	구프	소루	머하시	아서보	스모가
20	라라	시저	후키	파히	고소호	무디라	으시자
1~10 정답 수							
%							
11~20 정답 수							
%							

(표시: ○ 정확하게 읽은 문자, × 정확하게 읽지 못한 문자)

출처: 최호승(2003).

4) 지시수행 기준에 도달하는 데 걸리는 횟수를 알아보는 표

기준치 도달 관찰기록

대상자 이름: _____ 날짜: _____ 년 ____ 월 ____ 일 ~ ____ 월 ____ 일
관찰자 이름: _____ 장소: _____

목표행동의 정의: 교사의 지시 3초 내에 교사의 지시 반복 없이 지시를 수행하는 것

반응기회의 정의: 교사가 아동에게 행동을 수행하도록 요구하는 모든 지시

기준치: 교사의 지시에 연속 3회 수행하기

기록방법: 교사의 지시가 주어지고 3초 이내에 지시내용을 수행하면 +, 그렇지 않은 경우에는 − 표시를 하세요.

날짜	목표 도달 기준치	기회에 대한 아동의 반응										기준치 도달까지 걸린 횟수
		1	2	3	4	5	6	7	8	9	10	
4/2	연속 3회 수행	−	−	−	−	−	−	−	+	+	+	10
4/3	연속 3회 수행	−	−	−	−	+	−	+	+	+	−	9
4/4	연속 3회 수행	−	−	+	−	−	+	+	+	−	+	8
4/5	연속 3회 수행	−	+	−	+	+	+	−	+	+	−	6
4/6	연속 3회 수행	+	−	−	+	+	+	+	−	−	+	6

출처: 양명희(2016).

5) 수업을 방해하는 행동의 종류를 알아보는 표

수업 방해행동 관찰기록지

날짜: 6월 23일	시간: 1시 10분~2시(오후)
학생: 혜민, 동희, 신성, 현규	
관찰자:	

T(Talking-Out): 허락 없이 말하기   S(Out-Of-Seat): 자리 이탈
N(Making Noise): 소음 만들기   L(Looking Around): 다른 곳 쳐다보기
O(Touching Other Thing or Child): 다른 아동 건드리기

1. 괄호 안에 관찰할 학생의 이름을 기록하세요.
2. 해당하는 시간 간격 동안에 문제행동이 발생하면 알맞은 철자 위에 / 표시를 하세요.
3. 관찰 후 학생마다 각 문제행동 발생 시간 간격수를 기록하세요.
4. 학생마다 총 관찰 시간 간격 수와 문제행동 발생 시간 간격의 합을 기록하고, 행동 발생 백분율을 계산하여 기록하세요.

	(혜민)	(동희)	(신성)	(현규)	( )
1	TSNLO	TSNLO	TSNLO	TSNLO	TSNLO
2	TSNLO	TSNLO	TSNLO	TSNLO	TSNLO
3	TSNLO	TSNLO	TSNLO	TSNLO	TSNLO
4	TSNLO	TSNLO	TSNLO	TSNLO	TSNLO
5	TSNLO	TSNLO	TSNLO	TSNLO	TSNLO
6	TSNLO	TSNLO	TSNLO	TSNLO	TSNLO
7	TSNLO	TSNLO	TSNLO	TSNLO	TSNLO
8	TSNLO	TSNLO	TSNLO	TSNLO	TSNLO
9	TSNLO	TSNLO	TSNLO	TSNLO	TSNLO
10	TSNLO	TSNLO	TSNLO	TSNLO	TSNLO
합	T: S: N: L: O:	T: S: N: L: O:	T: S: N: L: O:	T: S: N: L: O:	T: S: N: L: O:
%	6 /10 (60)%	/ ( )%	/ ( )%	/ ( )%	/ ( )%

출처: 양명희(2016).

3. 장애인 등에 대한 특수교육법(약칭 특수교육법)
[시행 2018. 5. 22.][법률 제15367호, 2018. 2. 21., 일부 개정]

교육부(특수교육정책과), 044-203-6563

제1장 총칙

제1조(목적) 이 법은 「교육기본법」 제18조에 따라 국가 및 지방자치단체가 장애인 및 특별한 요구가 있는 사람에게 통합된 교육환경을 제공하고 생애주기에 따라 장애 유형·장애 정도의 특성을 고려한 교육을 실시하여 이들이 자아실현과 사회통합을 하는 데 기여함을 목적으로 한다.

제2조(정의) 이 법에서 사용하는 정의는 다음과 같다. 〈개정 2012. 3. 21.〉

1. "특수교육"이란 특수교육대상자의 교육적 요구를 충족시키기 위하여 특성에 적합한 교육과정 및 제2호에 따른 특수교육 관련서비스 제공을 통하여 이루어지는 교육을 말한다.

2. "특수교육관련서비스"란 특수교육대상자의 교육을 효율적으로 실시하기 위하여 필요한 인적·물적 자원을 제공하는 서비스로서 상담지원·가족지원·치료지원·보조인력지원·보조공학기기지원·학습보조기기지원·통학지원 및 정보접근지원 등을 말한다.

3. "특수교육대상자"란 제15조에 따라 특수교육을 필요로 하는 사람으로 선정된 사람을 말한다.

4. "특수교육교원"이란 「초·중등교육법」 제2조 제4호에 따른 특수학교 교원자격증을 가진 자로서 특수교육대상자의 교육을 담당하는 교원을 말한다.

5. "보호자"란 친권자·후견인, 그 밖의 사람으로서 특수교육대상자를 사실상 보호하는 사람을 말한다.

6. "통합교육"이란 특수교육대상자가 일반학교에서 장애유형·장애정도에 따라 차별을 받지 아니하고 또래와 함께 개개인의 교육적 요구에 적합한 교육을 받는 것을 말한다.

7. "개별화교육"이란 각급 학교의 장이 특수교육대상자 개인의 능력을 계발하기 위하여 장애유형 및 장애특성에 적합한 교육목표·교육방법·교육내용·특수교육

관련서비스 등이 포함된 계획을 수립하여 실시하는 교육을 말한다.

8. "순회교육"이란 특수교육교원 및 특수교육 관련서비스 담당인력이 각급 학교나 의료기관, 가정 또는 복지시설(장애인복지시설, 아동복지시설 등을 말한다. 이하 같다) 등에 있는 특수교육대상자를 직접 방문하여 실시하는 교육을 말한다.

9. "진로 및 직업교육"이란 특수교육대상자의 학교에서 사회 등으로의 원활한 이동을 위하여 관련기관의 협력을 통하여 직업재활훈련 · 자립생활훈련 등을 실시하는 것을 말한다.

10. "특수교육기관"이란 특수교육대상자에게 유치원 · 초등학교 · 중학교 또는 고등학교(전공과를 포함한다. 이하 같다)의 과정을 교육하는 특수학교 및 특수학급을 말한다.

11. "특수학급"이란 특수교육대상자의 통합교육을 실시하기 위하여 일반학교에 설치된 학급을 말한다.

12. "각급 학교"란 「유아교육법」 제2조 제2호 에 따른 유치원 및 「초 · 중등교육법」 제2조에 따른 학교를 말한다.

제3조(의무교육 등) ① 특수교육대상자에 대하여는 「교육기본법」 제8조에도 불구하고 유치원 · 초등학교 · 중학교 및 고등학교 과정의 교육은 의무교육으로 하고, 제24조에 따른 전공과와 만 3세 미만의 장애영아교육은 무상으로 한다.

② 만 3세부터 만 17세까지의 특수교육대상자는 제1항에 따른 의무교육을 받을 권리를 가진다. 다만, 출석일수의 부족 등으로 인하여 진급 또는 졸업을 못하거나, 제19조 제3항에 따라 취학의무를 유예하거나 면제받은 자가 다시 취학할 때의 그 학년이 취학의무를 면제 또는 유예받지 아니하고 계속 취학하였을 때의 학년과 차이가 있는 경우에는 그 해당 연수를 더한 연령까지 의무교육을 받을 권리를 가진다.

③ 제1항에 따른 의무교육 및 무상교육에 드는 비용은 **대통령령**으로 정하는 바에 따라 국가 또는 지방자치단체가 부담한다.

제4조(차별의 금지) ① 각급 학교의 장 또는 대학(「고등교육법」 제2조에 따른 학교를 말한다. 이하 같다)의 장은 특수교육대상자가 그 학교에 입학하고자 하는 경우에는 그가 지닌 장애를 이유로 입학의 지원을 거부하거나 입학전형 합격자의 입학을 거부하는 등 교육기회에 있어서 차별을 하여서는 아니 된다.

② 국가, 지방자치단체, 각급 학교의 장 또는 대학의 장은 다음 각 호의 사항에 관하여 장애인의 특성을 고려한 교육시행을 목적으로 함이 명백한 경우 외에는 특수교육대상자 및 보호자를 차별하여서는 아니 된다. 〈개정 2018. 2. 21.〉

1. 제28조에 따른 특수교육 관련서비스 제공에서의 차별
2. 수업, 학생자치활동, 그 밖의 교내외 활동에 대한 참여배제
3. 개별화교육지원팀에의 참여 등 보호자 참여에서의 차별
4. 대학의 입학전형절차에서 장애로 인하여 필요한 수험편의의 내용을 조사·확인하기 위한 경우 외에 별도의 면접이나 신체검사를 요구하는 등 입학전형과정에서의 차별
5. 입학·전학 및 기숙사 입소 과정에서 비장애 학생에게 요구하지 아니하는 보증인 또는 서약서 제출을 요구
6. 학생 생활지도에서의 「장애인차별금지 및 권리구제 등에 관한 법률」 제4조의 차별

제2장 국가 및 지방자치단체의 임무

제5조(국가 및 지방자치단체의 임무) ① 국가 및 지방자치단체는 특수교육대상자에게 적절한 교육을 제공하기 위하여 다음 각 호의 업무를 수행하여야 한다. 〈개정 2016. 5. 29., 2017. 12. 19.〉

1. 장애인에 대한 특수교육종합계획의 수립
2. 특수교육대상자의 조기발견
3. 특수교육대상자의 취학지도
4. 특수교육의 내용, 방법 및 지원체제의 연구·개선
5. 특수교육교원의 양성 및 연수
6. 특수교육기관 배치계획의 수립
7. 특수교육기관의 설치·운영 및 시설·설비의 확충·정비
8. 특수교육에 필요한 교재·교구의 연구·개발 및 보급
9. 특수교육대상자에 대한 진로 및 직업교육 방안의 강구
10. 장애인에 대한 고등교육 방안의 강구
11. 특수교육대상자에 대한 특수교육 관련서비스 지원방안의 강구
12. 그 밖에 특수교육의 발전을 위하여 필요하다고 인정하는 사항

② 국가 및 지방자치단체는 제1항의 업무를 수행하는 데 드는 경비를 예산의 범위 안에서 우선적으로 지급하여야 한다.

③ 국가는 제1항의 업무 추진이 부족하거나 제2항의 예산조치가 부족하다고 인정되는 지방자치단체에 대하여는 예산의 확충 등 필요한 조치를 하도록 권고하여야 한다.

④ 교육부장관은 제1항의 업무를 효율적으로 수행하기 위하여 문화체육관광부장관·보건복지부장관·고용노동부장관·여성가족부장관 등 관계 중앙행정기관 간에 협조체제를 구축하여야 한다. 〈개정 2008. 2. 29., 2010. 6. 4., 2013. 3. 23., 2016. 2. 3.〉

제6조(특수교육기관의 설립 및 위탁교육) ① 국가 및 지방자치단체는 특수교육대상자의 취학편의를 고려하여 특수교육기관을 지역별 및 장애영역별로 균형 있게 설치·운영하여야 한다.

② 국가 및 지방자치단체는 국립 또는 공립의 특수교육기관이 부족하거나 특수교육대상자의 의무교육 또는 무상교육을 위하여 필요한 경우에는 사립의 특수교육기관에 그 교육을 위탁할 수 있다.

③ 제2항에 따라 특수교육을 위탁한 경우에는 해당 특수교육기관의 교육여건이 국립 또는 공립특수교육기관의 수준에 미달하지 아니하도록 지원하여야 한다.

④ 제2항에 따른 위탁교육·제3항에 따른 지원 또는 비용부담 등에 관하여 필요한 사항은 대통령령으로 정한다.

제7조(위탁교육기간의 변경신청) ① 제6조 제2항에 따라 교육을 위탁받은 사립의 특수교육기관에 취학하고 있는 특수교육대상자 또는 그의 보호자는 해당 특수교육기관의 교육활동이 매우 불량하거나 특수교육대상자의 특성에 맞지 아니하여 특수교육대상자의 교육에 현저한 지장을 주고 있다고 판단되는 때에는 교육장 또는 교육감에게 그 사유를 구체적으로 명시하여 취학하고 있는 교육기관 외의 교육기관에 취학할 수 있도록 교육기관 변경을 신청할 수 있다.

② 제1항에 따른 변경신청을 받은 교육장 또는 교육감은 신청 접수 30일 이내에 제10조 제1항에 따른 시·군·구 특수교육운영위원회 또는 시·도 특수교육운영

위원회를 열어 신청인·해당학교의 장 등 이해관계인의 의견을 들은 후 변경 여
부를 결정·통보하여야 한다.

제8조(교원의 자질향상) ① 국가 및 지방자치단체는 특수교육교원의 자질 향상을 위
한 교육 및 연수를 정기적으로 실시하여야 한다.

② 국가 및 지방자치단체는 특수교육대상자의 통합교육을 지원하기 위하여 일반학
교의 교원에 대하여 특수교육 관련 교육 및 연수를 정기적으로 실시하여야 한다.

③ 제1항과 제2항에 따른 교육 및 연수과정에는 특수교육대상자 인권의 존중에 관
한 내용이 포함되어야 한다. 〈신설 2013. 12. 30.〉

④ 제1항과 제2항에 따른 교육 및 연수에 필요한 사항은 **대통령령**으로 정한다. 〈개정
2013. 12. 30.〉

제9조(특수교육대상자의 권리와 의무의 안내) 국가 및 지방자치단체는 제15조 제1항 각
호의 장애를 가지고 있는 자를 알게 되거나 제15조에 따라 특수교육대상자를 선
정한 경우에는 2주일 이내에 보호자에게 해당 사실과 의무교육 또는 무상교육을
받을 권리 및 보호자의 권리·책임 등을 통보하여야 한다.

제10조(특수교육운영위원회) ① 제5조에 따른 국가 및 자방자치단체의 업무수행에 관
한 주요 사항을 심의하기 위하여 교육부장관 소속으로 중앙특수교육운영위원회
를, 교육감 소속으로 시·도특수교육운영위원회를, 교육장 소속으로 시·군·구
특수교육운영위원회를 각각 둔다. 〈개정 2008. 2. 29., 2013. 3. 23.〉

② 제1항에 따른 중앙특수교육운영위원회의 구성·운영 등에 관하여 필요한 사항
은 **대통령령**으로, 시·도특수교육운영위원회 및 시·군·구특수교육운영위원회
의 구성·운영 등에 관하여는 특별시·광역시·도 및 특별자치도(이하 "시·도"라
한다)의 교육 **규칙**으로 각각 정한다.

제11조(특수교육지원센터의 설치·운영) ① 교육감은 특수교육대상자의 조기발견, 특
수교육대상자의 진단·평가, 정보관리, 특수교육연수, 교수·학습활동의 지원,
특수교육 관련서비스 지원, 순회교육 등을 담당하는 특수교육지원센터를 하급교

육행정기관별로 설치 · 운영하여야 한다.

② 제1항에 따른 특수교육지원센터는 하급교육행정기관이나 특수학교, 특수학급이 설치된 일반 초 · 중 · 고등학교 또는 관할지역의 관공서(장애인복지관을 포함한다) 등 특수교육대상자를 비롯한 지역주민의 접근이 편리한 곳에 설치하여야 한다.

③ 특수교육지원센터의 설치 · 운영 등에 관하여 필요한 사항은 **대통령령**으로 정한다.

제12조(특수교육에 관한 연차보고서) 정부는 특수교육의 주요 현황과 정책에 관한 보고서를 매년 정기국회 개회 전까지 국회에 제출하여야 한다.

제13조(특수교육실태조사) ① 교육부장관은 특수교육대상자의 배치계획 · 특수교육교원의 수급계획 등 특수교육정책의 수립을 위한 실태조사를 3년마다 실시하고 그 결과를 공표하여야 한다. 〈개정 2008. 2. 29., 2013. 3. 23., 2015. 12. 22.〉

② 교육부장관은 대학에 취학하는 장애학생의 교육여건을 개선하기 위하여 필요하다고 인정하는 경우 장애학생의 교육복지 실태조사를 3년마다 실시하고 그 결과를 공표하여야 한다. 〈개정 2008. 2. 29., 2013. 3. 23., 2015. 12. 22.〉

③ 교육부장관은 제1항과 제2항에 따른 실태조사를 위하여 필요한 경우 관계 중앙행정기관의 장, 지방자치단체의 장 및 「공공기관의 운영에 관한 법률」에 따른 공공기관의 장, 대학의 장, 그 밖의 관련법인 또는 단체의 장에 대하여 자료의 제출 또는 의견의 진술을 요청할 수 있다. 이 경우 요청을 받은 자는 정당한 사유가 없으면 이에 협조하여야 한다. 〈신설 2015. 12. 22.〉

④ 제1항과 제2항에 따른 조사의 내용과 방법, 그밖에 조사에 관하여 필요한 사항은 **대통령령**으로 정한다. 〈개정 2015. 12. 22.〉

제3장 특수교육대상자의 선정 및 학교배치 등

제14조(장애의 조기발견) ① 교육장 또는 교육감은 영유아의 장애 및 장애 가능성을 조기에 발견하기 위하여 지역주민과 관련기관을 대상으로 홍보를 실시하고, 해당지역 내 보건소와 병원 또는 의원에서 선별검사를 무상으로 실시하여야 한다.

② 교육장 또는 교육감은 제1항에 따른 선별검사를 효율적으로 실시하기 위하여 지방자치단체 및 보건소와 병 · 의원 간에 긴밀한 협조체계를 구축하여야 한다.

③ 보호자 또는 각급 학교의 장은 **제15조 제1항** 각 호에 따른 장애를 가지고 있거나 장애를 가지고 있다고 의심되는 영유아 및 학생을 발견한 때에는 교육장 또는 교육감에게 진단·평가를 의뢰하여야 한다. 다만, 각급 학교의 장이 진단·평가를 의뢰하는 경우에는 보호자의 사전 동의를 받아야 한다.

④ 교육장 또는 교육감은 제3항에 따라 진단·평가를 의뢰받은 경우 즉시 특수교육지원센터에 회부하여 진단·평가를 실시하고, 그 진단·평가의 결과를 해당 영유아 및 학생의 보호자에게 통보하여야 한다.

⑤ 제1항의 선별검사의 절차와 내용, 그밖에 검사에 필요한 사항과 제3의 사전 동의 절차 및 제4항에 따른 통보절차에 필요한 사항은 **대통령령**으로 정한다.

제15조(특수교육대상자의 선정) ① 교육장 또는 교육감은 다음 각 호의 어느 하나에 해당하는 사람 중 특수교육을 필요로 하는 사람으로 진단·평가된 사람을 특수교육대상자로 선정한다. 〈개정 2016. 2. 3.〉

1. 시각장애
2. 청각장애
3. 지적장애
4. 지체장애
5. 정서·행동장애
6. 자폐성장애(이와 관련된 장애를 포함한다)
7. 의사소통장애
8. 학습장애
9. 건강장애
10. 발달지체
11. 그 밖에 **대통령령**으로 정하는 장애

② 교육장 또한 교육감이 제1항에 따라 특수교육대상자를 선정할 때는 **제16조 제1항**에 따른 진단·평가결과를 기초로 하여 고등학교 과정은 교육감이 시·도 특수교육운영위원회를 거쳐, 중학교 과정 이하의 각급 학교는 교육장이 시·군·구 특수교육운영위원회의 심사를 거쳐 이를 결정한다.

제16조(특수교육대상자의 선정절차 및 교육지원 내용의 결정) ① 특수교육지원센터는 진단·평가가 회부된 후 30일 이내에 진단·평가를 시행하여야 한다.

② 특수교육지원센터는 제1항에 따른 진단·평가를 통하여 특수교육대상자로서의 선정 여부 및 필요한 교육지원 내용에 대한 최종 의견을 작성하여 교육장 또는 교육감에게 보고하여야 한다.

③ 교육장 또는 교육감은 특수교육지원센터로부터 최종의견을 통지받은 때부터 2주일 이내에 특수교육대상자로의 선정 여부 및 제공할 교육지원 내용을 결정하여 부모 등 보호자에게 서면으로 통지하여야 한다. 교육지원 내용에는 특수교육, 진로 및 직업교육, 특수교육 관련서비스 등 구체적인 내용이 포함되어야 한다.

④ 제1항에 따른 진단·평가의 과정에서는 부모 등 보호자의 의견진술의 기회가 충분히 보장되어야 한다.

제17조(특수교육대상자의 배치 및 교육) ① 교육장 또는 교육감은 제15조에 따라 특수교육대상자로 선정된 자를 해당 특수교육운영위원회의 심사를 거쳐 다음 각 호의 어느 하나에 배치하여 교육하여야 한다.

1. 일반학교의 일반학급
2. 일반학교의 특수학급
3. 특수학교

② 교육장 또는 교육감은 제1항에 따라 특수교육대상자를 배치할 때에는 특수교육대상자의 장애정도·능력·보호자의 의견 등을 종합적으로 판단하여 거주지에서 가장 가까운 곳에 배치하여야 한다.

③ 교육감이 관할 구역 내에 거주하는 특수교육대상자를 다른 시·도에 소재하는 각급 학교 등에 배치하고자 할 때에는 해당 시·도 교육감(국립학교의 경우에는 해당학교의 장을 말한다)과 협의하여야 한다.

④ 제3항에 따라 특수교육대상자의 배치를 요구받은 교육감 또는 국립학교의 장은 **대통령령**으로 정하는 특별한 사유가 없는 한 이에 응하여야 한다.

⑤ 제1항부터 제4항까지의 규정에 따른 특수교육대상자의 배치 등에 관하여 필요한 사항은 **대통령령**으로 정한다.

제4장 영유아 및 초 · 중등교육

제18조(장애영아의 교육지원) ① 만 3세 미만의 장애영아의 보호자는 조기교육이 필요한 경우 교육장에게 교육을 요구할 수 있다.

② 제1항에 따른 요구를 받은 교육장은 특수교육지원센터의 진단 · 평가결과를 기초로 만 3세 미만의 장애영아를 특수학교의 유치원과정, 영아학급 또는 특수교육지원센터에 배치할 수 있다.

③ 제2항에 따라 배치된 장애영아가 의료기관, 복지시설 또는 가정 등에 있을 경우에는 특수교육교원 및 특수교육 관련서비스 담당인력 등으로 하여금 순회교육을 제공할 수 있다.

④ 국가 및 지방자치단체는 장애영아를 위한 교육여건을 개선하고 설비를 정비하기 위하여 노력하여야 한다.

⑤ 그 밖에 장애영아의 교육지원에 필요한 사항은 **대통령령**으로 정한다.

제19조(보호자의 의무 등) ① 특수교육대상자의 보호자는 그 보호하는 자녀에 대하여 제3조 제1항에 따른 의무교육의 기회를 보호하고 존중하여야 한다.

② 부득이한 사유로 취학이 불가능한 의무교육대상자에 대하여는 **대통령령**으로 정하는 바에 따라 제1항에 따른 취학의무를 면제하거나 유예할 수 있다. 다만, 만 3세부터 만 5세까지의 특수교육대상자가 「**영유아보육법**」에 따라 설치된 어린이집 중 **대통령령**으로 정하는 일정한 교육요건을 갖춘 어린이집을 이용하는 경우에는 제1항에서 정하는 유치원 의무교육을 받고 있는 것으로 본다. 〈개정 2011. 6. 7.〉

③ 제2항에 따라 취학의무를 면제 또는 유예 받은 자가 다시 취학하고자 하는 경우에는 **대통령령**으로 정하는 바에 따라 취학하게 할 수 있다.

제20조(교육과정의 운영 등) ① 특수교육기관의 유치원 · 초등학교 · 중학교 · 고등학교과정의 교육과정은 장애의 종별 및 정도를 고려하여 교육부령으로 정하고, 영아교육과정과 전공과의 교육과정은 교육감의 승인을 받아 학교장이 정한다. 〈개정 2008. 2. 29., 2013. 3. 23.〉

② 특수교육기관의 장 및 특수교육대상자가 배치된 일반학교의 장은 제1항에 따른 교육과정의 범위 안에서 특수교육대상자 개인의 장애종별과 정도, 연령, 현재 및

미래의 교육요구 등을 고려하여 교육과정의 내용을 조정하여 운영할 수 있다.

③ 특수학교의 장은 교육감의 승인을 받아 유치원·초등학교·중학교·고등학교 과정을 통합하여 운영할 수 있다.

제21조(통합교육) ① 각급 학교의 장은 교육에 관한 각종 시책을 시행함에 있어서 통합교육의 이념을 실현하기 위하여 노력하여야 한다.

② 제17조에 따라 특수교육대상자를 배치받은 일반학교의 장은 교육과정의 조정, 보조인력의 지원, 학습보조기기의 지원, 교원연수 등을 포함한 통합교육계획을 수립·시행하여야 한다.

③ 일반학교의 장은 제2항에 따라 통합교육을 실시하는 경우에는 제27조의 기준에 따라 특수학급을 설치·운영하고, **대통령령**으로 정하는 시설·설비 및 교재·교구를 갖추어야 한다.

제22조(개별화교육) ① 각급 학교의 장은 특수교육대상자의 교육적 요구에 적합한 교육을 제공하기 위하여 보호자, 특수교육교원, 일반교육교원, 진로 및 직업교육 담당교원, 특수교육 관련서비스 담당인력 등으로 개별화교육지원팀을 구성한다.

② 개별화교육지원팀은 매 학기마다 특수교육대상자에 대한 개별화교육계획을 작성하여야 한다.

③ 특수교육대상자가 다른 학교로 전학할 경우 또는 상급학교로 진학할 경우에는 전출학교는 전입학교에 개별화교육계획을 14일 이내에 송부하여야 한다.

④ 특수교육교원은 제1항부터 제3항까지의 규정에 따른 업무를 수행하기 위하여 각 업무를 지원하고 조정한다.

⑤ 제1항에 따른 개별화교육지원팀의 구성, 제2항에 따른 개별화교육계획의 수립·실시 등에 관하여 필요한 사항은 **교육부령**으로 정한다. 〈개정 2008. 2. 29., 2013. 3. 23.〉

제23조(진로 및 직업교육의 지원) ① 중학교 과정 이상의 각급 학교의 장은 특수교육대상자의 특성 및 요구에 따른 진로 및 직업교육을 지원하기 위하여 직업평가·직업교육·고용지원·사후관리 등의 직업재활훈련 및 일상생활적응훈련·사회

적응훈련 등의 자립생활훈련을 실시하고, **대통령령**으로 정하는 자격이 있는 진로 및 직업교육을 담당하는 전문인력을 두어야 한다.

② 중학교 과정 이상의 각급 학교의 장은 **대통령령**으로 정하는 기준에 따라 진로 및 직업교육의 실시에 필요한 시설·설비를 마련하여야 한다.

③ 특수교육지원센터는 특수교육대상자에게 효과적인 진로 및 직업교육을 지원하기 위하여 **대통령령**으로 정하는 바에 따라 관련기관과의 협의체를 구성하여야 한다.

제24조(전공과의 설치·운영) ① 특수교육기관에는 고등학교 과정을 졸업한 특수교육대상자에게 진로 및 직업교육을 제공하기 위하여 수업연한 1년 이상의 전공과를 설치·운영할 수 있다.

② 교육부장관 및 교육감은 지역별 또는 장애유형별로 전공과를 설치할 교육기관을 지정할 수 있다. 〈개정 2008. 2. 29., 2013. 3. 23.〉

③ 전공과를 설치한 각급 학교는 「학점인정 등에 관한 법률」 제7조에 따라 학점인정을 받을 수 있다.

④ 제1항 및 제2항에 따른 전공과의 시설·설비 기준, 전공과의 운영 및 담당 인력의 배치기준 등에 관하여 필요한 사항은 **대통령령**으로 정한다.

제25조(순회교육 등) ① 교육장 또는 교육감은 일반학교에서 통합교육을 받고 있는 특수교육대상자를 지원하기 위하여 일반학교 및 특수교육지원센터에 특수교육교원 및 특수교육 관련서비스 담당 인력을 배치하여 순회교육을 실시하여야 한다.

② 교육감은 장애정도가 심하여 장·단기의 결석이 불가피한 특수교육대상자의 교육을 위하여 필요한 경우 순회교육을 실시하여야 한다.

③ 교육감은 이동이나 운동기능의 심한 장애로 인하여 각급 학교에서 교육을 받기 곤란하거나 불가능하여 복지시설·의료기관 또는 가정 등에 거주하는 특수교육대상자의 교육을 위하여 필요한 경우 순회교육을 실시하여야 한다.

④ 교육장 또는 교육감은 제3항에 따른 순회교육의 실시를 위하여 의료기관 및 복지시설 등에 학급을 설치·운영하는 등 필요한 조치를 강구하여야 한다. 〈신설 2015. 12. 22.〉

⑤ 국가 또는 지방자치단체는 제4항에 따라 학급이 설치·운영 중인 의료기관 및

복지시설 등에 대하여 국립 또는 공립 특수교육기관 수준의 교육이 이루어질 수 있도록 대통령령으로 정하는 바에 따라 행정적·재정적 지원을 할 수 있다. 〈신설 2015. 12. 22.〉

⑥ 제1항부터 제4항까지의 규정에 따른 순회교육의 수업일수 등 순회교육의 운영에 필요한 사항은 대통령령으로 정한다. 〈개정 2015. 12. 22.〉

제26조(방과후 과정을 운영하는 유치원 과정의 교육기관) ① 「유아교육법」 제2조 제6호에 따른 방과후 과정을 운영하는 유치원 과정의 교육기관에 특수교육대상자가 배치되는 경우 해당 각급 학교의 장은 특수교육대상자에 대한 방과후 과정 운영을 담당할 인력을 학급당 1인 이상 추가로 배치할 수 있다. 〈개정 2012. 3. 21.〉

② 제1항에 따른 방과 후 과정 담당 인력의 자격기준, 운영방법 등에 관하여 필요한 사항은 대통령령으로 정한다. 〈개정 2012. 3. 21.〉 [제목 개정 2012. 3. 21.]

제27조(특수학교의 학급 및 각급 학교의 특수학급 설치 기준) ① 특수학교와 각급 학교의 장은 다음 각 호의 기준에 따라 학급 및 특수학급을 설치하여야 한다.

1. 유치원 과정의 경우: 특수교육대상자가 1인 이상 4인 이하인 경우 1학급을 설치하고, 4인을 초과하는 경우 2개 이상의 학급을 설치한다.

2. 초등학교·중학교 과정의 경우: 특수교육대상자가 1인 이상 6인 이하인 경우 1학급을 설치하고, 6인을 초과하는 경우 2개 이상의 학급을 설치한다.

3. 고등학교 과정의 경우: 특수교육대상자가 1인 이상 7인 이하인 경우 1학급을 설치하고, 7인을 초과하는 경우 2개 이상의 학급을 설치한다.

② 교육감은 제1항에도 불구하고 순회교육의 경우 장애의 정도와 유형에 따라 학급 설치 기준을 하향조정할 수 있다.

③ 특수학교와 특수학급에 두는 특수교육교원의 배치기준은 대통령령으로 정한다.

제28조(특수교육 관련서비스) ① 교육감은 특수교육대상자와 그 가족에 대하여 가족 상담 등 가족지원을 제공하여야 한다.

② 교육감은 특수교육대상자가 필요로 하는 경우에는 물리치료, 작업치료 등 치료지원을 제공하여야 한다.

③ 각급 학교의 장은 특수교육대상자를 위하여 보조인력을 제공하여야 한다.

④ 각급 학교의 장은 특수교육대상자의 교육을 위하여 필요한 장애인용 각종 교구, 각종 학습보조기, 보조공학기기 등의 설비를 제공하여야 한다.

⑤ 각급 학교의 장은 특수교육대상자의 취학편의를 위하여 통학차량지원, 통학비 지원, 통학 보조인력의 지원 등 통학지원 대책을 마련하여야 한다.

⑥ 각급 학교의 장은 특수교육대상자의 생활지도 및 보호를 위하여 기숙사를 설치·운영할 수 있다. 기숙사를 설치·운영하는 특수학교에는 특수교육대상자의 생활지도 및 보호를 위하여 **교육부령**으로 정하는 자격이 있는 생활지도원을 두는 외에 간호사 또는 간호조무사를 두어야 한다. 〈개정 2008. 2. 29., 2013. 3. 23., 2013. 4. 5.〉

⑦ 제6항의 생활지도원과 간호사 또는 간호조무사의 배치기준은 국립학교의 경우 **교육부령**으로, 공립 또는 사립학교의 경우에는 시·도 교육**규칙**으로 각각 정한다. 〈신설 2013. 4. 5.〉

⑧ 각급 학교의 장은 각급 학교에서 제공하는 각종 정보(교육기관에서 운영하는 인터넷 홈페이지를 포함한다)를 특수교육대상자에게 제공하는 경우 특수교육대상자의 장애 유형에 적합한 방식으로 제공하여야 한다. 〈개정 2013. 4. 5.〉

⑨ 제1항부터 제8항까지의 규정에 따른 특수교육 관련서비스의 제공을 위하여 필요한 사항은 **대통령령**으로 정한다. 〈개정 2013. 4. 5.〉

제5장 고등교육 〈개정 2016. 5. 29.〉

제29조(특별지원위원회) ① 대학의 장은 다음 각 호의 사항을 심의·결정하기 위하여 특별지원위원회를 설치·운영하여야 한다.

1. 대학의 장애학생 지원을 위한 계획

2. 심사청구 사건에 대한 심사·결정

3. 그 밖에 장애학생 지원을 위한 **대통령령**으로 정하는 사람

② 특별지원위원회의 설치·운영 등에 관하여 필요한 사항은 **대통령령**으로 정한다.

제30조(장애학생지원센터) ① 대학의 장은 장애학생의 교육 및 생활에 관한 지원을 총괄·담당하는 장애학생지원센터를 설치·운영하여야 한다. 다만, 장애학생이 재

학하고 있지 아니하거나 **대통령령**으로 정하는 바에 따라 장애학생 수가 일정 인원 이하인 소규모 대학 등은 장애학생 지원부서 또는 전담직원을 둠으로써 이에 갈음할 수 있다.

② 장애학생지원센터(제1항에 따라 장애학생 지원부서 또는 전담직원으로 갈음하는 경우에는 이를 말한다)는 다음 각 호의 업무를 담당한다.

　1. 장애학생을 위한 각종지원에 관한 사항

　2. 제31조에서 정하는 편의제공에 관한 사항

　3. 교직원 · 보조인력 등에 대한 교육에 관한 사항

　4. 장애학생 교육복지의 실태조사에 관한 사항

　5. 그 밖에 대학의 장이 부의하는 사항

③ 장애학생지원센터의 설치 · 운영에 관하여 필요한 사항은 **대통령령**으로 정한다.

제31조(편의제공 등) ① 대학의 장은 해당 학교에 재학 중인 장애학생의 교육활동의 편의를 위하여 다음 각 호의 수단을 적극적으로 강구하고 제공하여야 한다.

　1. 각종 학습보조기기 및 보조공학기기 등의 물적 지원

　2. 교육보조인력 배치 등의 인적 지원

　3. 취학편의 지원

　4. 정보접근 지원

　5. 「장애인 · 노인 · 임신부 등의 편의증진보장에 관한 법률」 제2조 제2호에 따른 편의 시설 설치 지원

② 대학의 장은 해당학교의 입학전형절차에서 장애수험생의 수험의 편의를 위하여 「장애인차별금지 및 권리구제 등에 관한 법률」 제14조 제1항 각 호의 수단 중 수험편의에 필요한 수단을 적극적으로 강구하고 제공하여야 한다. 〈신설 2015. 12. 22.〉

③ 국가 및 지방자치단체는 제1항 및 제2항에 따라 필요한 경비를 예산의 범위 안에서 지원하여야 한다. 〈개정 2015. 12. 22.〉

제32조(학칙 등의 작성) 대학의 장은 이 법에서 정하는 장애학생의 지원 등에 관하여 필요한 내용을 학칙에 규정하여야 한다.

제33조 삭제 〈2016. 5. 29.〉
제34조 삭제 〈2016. 5. 29.〉

제6장 보칙 및 벌칙

제35조(대학의 심사청구 등) ① 장애학생 및 그 보호자는 대학에 이 법에 따른 각종 지원조치를 제공할 것을 서면으로 신청할 수 있다.

② 대학의 장은 제1항에 따른 신청에 대하여 2주 이내에 지원 여부 및 그 사유를 신청자에게 서면으로 통지하여야 한다.

③ 장애학생 및 그 보호자는 제1항에 따른 신청에 대한 대학의 결정(부작위 및 거부를 포함한다)과 이 법을 위반하는 대학의 장 또는 교직원의 행위에 대하여 특별지원위원회에 심사청구를 할 수 있다.

④ 특별지원위원회는 제3항의 심사청구에 관하여 2주 이내에 결정을 하여야 한다.

⑤ 제3항에 따른 심사에서는 청구인에게 의견진술 기회를 주어야 한다.

⑥ 대학의 장, 교직원, 그 밖의 관계자는 제4항에 따른 결정에 따라야 한다.

⑦ 그 밖에 특별지원위원회에 대한 심사청구에 관하여 필요한 사항은 **대통령령**으로 정한다.

제36조(고등학교 과정 이하의 심사청구) ① 특수교육대상자 또는 그 보호자는 다음 각 호의 어느 하나에 해당하는 교육장, 교육감 또는 각급 학교의 장의 조치에 대하여 이의가 있을 때에는 해당 시 · 군 · 구 특수교육운영위원회 또는 시 · 도 특수교육운영위원회에 심사청구를 할 수 있다.

1. 제15조 제1항에 따른 특수교육대상자의 선정
2. 제16조 제3항에 따른 교육지원 내용의 결정사항
3. 제17조 제1항에 따른 학교에의 배치
4. 제4조를 위반하는 부당한 차별

② 제17조 제1항에 따라 특수교육대상자를 배치받은 각급 학교의 장은 이에 응할 수 없는 특별한 사유가 있거나 배치받은 특수교육대상자가 3개월 이상 학교생활에의 적응에 상당한 어려움이 있는 경우에는 해당 시 · 군 · 구 특수교육운영위원회 또는 시 · 도 특수교육운영위원회에 심사청구를 할 수 있다.

③ 시·군·구 특수교육운영위원회 또는 시·도 특수교육운영위원회는 제1항과 제2항의 심사청구를 받은 때에는 이를 심사하여 30일 이내에 그 결정을 청구인에게 통보하여야 한다.

④ 제3항의 심사에서는 청구인에게 의견진술의 기회를 주어야 한다.

⑤ 교육장, 교육감, 각급 학교의 장, 그 밖의 관계자는 제3항에 따른 결정에 따라야 한다.

⑥ 제3항에서 정하는 심사결정에 이의가 있는 특수교육대상자 또는 그 보호자는 그 통보를 받은 날부터 90일 이내에 행정심판을 제기할 수 있다.

⑦ 제1항부터 제4항까지의 규정에 따른 심사청구의 절차 등에 관하여 필요한 사항은 대통령령으로 정한다.

제37조(권한의 위임과 위탁) ① 이 법에 따른 교육부장관의 권한은 그 일부를 대통령령으로 정하는 바에 따라 교육감에게 위임할 수 있다. 〈개정 2008. 2. 29., 2013. 3. 23.〉

② 이 법에 따른 교육감의 권한은 그 일부를 대통령령으로 정하는 바에 따라 교육장에게 위임할 수 있다.

제38조(벌칙) 다음 각 호의 어느 하나에 해당하는 자는 1년 이하의 징역 또는 1천만 원 이하의 벌금에 처한다.

　1. 제4조 제1항을 위반하여 장애를 이유로 특수교육대상자의 입학을 거부하거나 입학전형 합격자의 입학을 거부하는 등의 불이익한 처분을 한 교육기관의 장

　2. 제4조 제2항 제4호를 위반하여 대학의 입학전형절차에서 수험편의의 내용의 확인과 관계없는 별도의 면접이나 신체검사를 요구한 자

[본조 신설 2016. 5. 29.]

[종전 제38조는 제38조의 2로 이동〈2016. 5. 29.〉]

제38조의 2(벌칙) 다음 각 호의 어느 하나에 해당하는 자는 300만 원 이하의 벌금에 처한다. 〈개정 2018. 2. 21.〉

　1. 삭제 〈개정 2016. 5. 29.〉

　2. 제4조 제2항 제1호부터 제3호까지의 규정을 위반하여 특수교육 관련서비스의 제

공, 수업, 학생자치활동, 그 밖의 교내외 활동에 대한 참여와 개별화교육지원팀
에의 보호자 참여에 있어서 차별한 자

3. 삭제 〈개정 2016. 5. 29.〉

4. 제4조 제2항 제5호를 위반하여 입학·전학 및 기숙사 입소 과정에서 비장애학
생에게 요구하지 아니하는 보증인 또는 서약서 제출을 요구한 자

5. 제4조 제2항 제6호를 위반하여 학생 생활지도에 있어서 「장애인차별금지 및 권리
구제 등에 관한 법률」 제4조의 차별을 한 자

[제38조에서 이동〈2016. 5. 29.〉]

부칙 〈법률 제8483호, 2007. 5. 25.〉

제1조(시행일) 이 법은 공포 후 1년이 경과한 날부터 시행한다. 다만, 제3조 중 유치
원 및 고등학교 과정에 대한 의무교육의 실시는 국가 및 지방자치단체의 재정여
건을 고려하여 대통령령으로 정하는 바에 따라 순차적으로 실시한다.

제2조(다른 법률의 폐지) 특수교육진흥법은 폐지한다.

제3조(특수교육대상자에 대한 경과조치) 이 법 시행 당시 종전의 「특수교육진흥법」의 규
정에 따라 선정된 특수교육대상자는 이 법에 따라 선정된 특수교육대상자로 본다.

제4조(벌칙 적용에 관한 경과조지) 이 법 시행 전의 행위에 대한 벌칙의 적용에 있어서
는 종전의 「특수교육진흥법」의 규정에 따른다.

제5조(다른 법령의 개정) ① 고등교육법 일부를 다음과 같이 개정한다.
제45조 제5항 중 "「특수교육진흥법」 제15조 제3항의 규정을 준용한다"를 "「장애인
등에 대한 특수교육법」 제27조에 따른다"로 한다.
②「장애인고용촉진 및 직업재활법」 일부를 다음과 같이 개정한다.
제8조 제2항 제1호 중 "「특수교육진흥법」 제2조 제3호를 「장애인 등에 대한 특수
교육법」 제2조 제10호"로 한다.
③ 학원의 설립·운영 및 과외교습에 관한 법률 일부를 다음과 같이 개정한다.

제2조의 2 제2항 제1호 중 "「특수교육진흥법」 제10조 제1항"을 "「장애인 등에 대한 특수교육법」 제15조 제1항"으로 한다.

제6조(다른 법령과의 관계) 이 법 시행 당시 다른 법령에서 「특수교육진흥법」 및 그 규정을 인용한 경우 이 법 중 그에 해당하는 규정이 있는 때에는 종전의 규정에 갈음하여 이 법 또는 이 법의 해당 조항을 인용한 것으로 본다.

부칙 〈법률 제8852호, 2008. 2. 29.〉(정부조직법)

제1조(시행일) 이 법은 공포한 날부터 시행한다. 다만, …〈생략〉… 후 부칙 제6조에 따라 개정되는 법률 중 이 법의 시행 전에 공포되었으나 시행일이 도래하지 아니한 법률을 개정한 부분은 각각 해당 법률의 시행일부터 시행한다.

제2조부터 제5조까지 생략

제6조(다른 법률의 개정) ①부터 〈93〉까지 생략

〈94〉 장애인 등에 대한 특수교육법 일부를 다음과 같이 개정한다.

제5조 제4항 중 "교육인적자원부장관"을 "교육과학기술부장관"으로 한다.

제10조 제1항, 제13조 제1항·제2항, 제24조 제2항 및 제37조 제1항 중 "교육인적자원부장관"을 "교육과학기술부장관"으로 한다.

제20조 제1항, 제22조 제5항, 제28조 제6항 후단 중 "교육인적자원부령"을 각각 "교육과학기술부령"으로 한다.

〈95〉부터 〈760〉까지 생략

제7조 생략

부칙 〈법률 제10339호, 2010. 6. 4.〉(정부조직법)

제1조(시행일) 이 법은 공포 후 1개월이 경과한 날부터 시행한다. 〈단서 생략〉

제2조 및 제3조 생략

제4조(다른 법률의 개정) ①부터 〈63〉까지 생략

〈64〉 장애인 등에 대한 특수교육법 일부를 다음과 같이 개정한다.

제5조 제4항 중 "노동부장관"을 "고용노동부장관"으로 한다.

〈65〉부터 〈82〉까지 생략

제5조 생략

부칙 〈법률 제10789호, 2011. 6. 7.〉(영유아보육법)

제1조(시행일) 이 법은 공포 후 6개월이 경과한 날부터 시행한다. 〈단서 생략〉

제2조부터 제5조까지 생략

제6조(다른 법률의 개정) ①부터 ㉓까지 생략

㉔ 장애인 등에 대한 특수교육법 일부를 다음과 같이 개정한다.

제19조 제2항 단서 중 "보육시설"을 각각 "어린이집"으로 한다.

㉕부터 ㉜까지 생략

부칙 〈법률 제10876호, 2011. 7. 21.〉

이 법은 공포한 날부터 시행한다.

부칙 〈법률 제11382호, 2012. 3. 21.〉(유아교육법)

제1조(시행일) 이 법은 공포한 날부터 시행한다. 〈단서 생략〉

제2조 생략

제3조(다른 법률의 개정) ① 및 ② 생략

③ 장애인 등에 대한 특수교육법 일부를 다음과 같이 개정한다. 제26조의 제목 중

"종일제를"을 "방과후 과정을"로 하고, 같은 조 제1항 중 "종일제를"을 "방과후 과정을"로, "종일제 운영"을 "방과후 과정 운영"으로 하며, 같은 조 제2항 중 "종일제"를 "방과후 과정"으로 한다.

④ 생략

부칙 〈법률 제11384호, 2012. 3. 21.〉(초 · 중등교육법)

제1조(시행일) 이 법은 공포한 날부터 시행한다. 〈단서 생략〉

제2조 (다른 법률의 개정) ① 및 ② 생략

③ 장애인 등에 대한 특수교육법 일부를 다음과 같이 개정한다.

제2조 제4호 중 "「초 · 중등교육법」 제2조 제5호"를 "「초 · 중등교육법」 제2조 제4호"로 한다.

④ 및 ⑤ 생략

부칙 〈법률 제11690호, 2013. 3. 23.〉(「정부조직법」)

제1조(시행일) 이 법은 공포한 날부터 시행한다.

제2조부터 제5조까지 생략

제6조(다른 법률의 개정) ①부터 〈60〉까지 생략

〈61〉 장애인 등에 대한 특수교육법 일부를 다음과 같이 개정한다.

제5조 제4항, 제10조 제1항, 제13조 제1항 · 제2항, 제24조 제2항 및 제37조 제1항 중 "교육과학기술부장관"을 각각 "교육부장관"으로 한다.

제20조 제1항, 제22조 제5항 및 제28조 제6항 전단 · 후단 중 "교육과학기술부령"을 "교육부령"으로 한다.

〈62〉부터 〈710〉까지 생략

제7조 생략

부칙 〈법률 제11723호, 2013. 4. 5.〉

이 법은 공포 후 6개월이 경과한 날부터 시행한다.

부칙 〈법률 제12127호, 2013. 12. 30.〉

이 법은 공포한 날부터 시행한다.

부칙 〈법률 제13757호, 2015. 12. 22.〉

이 법은 공포 후 6개월이 경과한 날부터 시행한다.

부칙 〈법률 제13941호, 2016. 2. 3.〉

이 법은 공포한 날부터 시행한다.

부칙 〈법률 제13978호, 2016. 2. 3.〉(한국수화언어법)

제1조(시행일) 이 법은 공포 후 6개월 경과한 날부터 시행한다.

제2조(다른 법률의 개정) ①부터 ⑤까지 생략

⑥ 장애인 등에 대한 특수교육법 일부를 다음과 같이 개정한다.

　　제5조 제4항 중 "보건복지부장관"을 "문화체육관광부장관·보건복지부장관"으
　　로 한다.

⑦부터 ⑨까지 생략

제3조 생략

부칙 〈법률 제14156호, 2016. 5. 29.〉

이 법은 공포한 날부터 시행한다.

부칙 〈법률 제14160호, 2016. 5. 29.〉(평생교육법)

제1조(시행일) 이 법은 공포 후 1년이 경과한 날부터 시행한다. 〈단서 생략〉

제2조 및 제3조 생략

제4조(다른 법률의 개정) 장애인 등에 대한 특수교육법 일부를 다음과 같이 개정한다.

제5조 제1항 제10호 중 "고등교육 및 평생교육"을 "고등교육"으로 한다.

제5장의 제목 "고등교육 및 평생교육"을 "고등교육"으로 한다.

제33조 및 제34조를 각각 삭제한다.

부칙 〈법률 제15234호, 2017. 12. 19.〉

제1조(시행일) 이 법은 공포한 날부터 시행한다.

제2조(특수교육기관 배치계획으로의 명칭변경에 따른 경과조치) 이 법 시행 당시 종전의 규정에 따라 수립된 특수교육기관 수용계획은 제5조 제1항 제6호의 개정규정에 따른 특수교육기관 배치계획으로 본다.

부칙 〈법률 제15367호, 2018. 2. 21.〉

이 법은 공포 후 3개월이 경과한 날부터 시행한다.

4. 발달장애인 권리보장 및 지원에 관한 법률(약칭: 발달장애인법)

[시행 2017. 7. 26.][법률 제14839호, 2017. 7. 26., 타법 개정]

보건복지부(장애인서비스과), 044-202-3347

제1장 총칙

제1조(목적) 이 법은 발달장애인의 의사를 최대한 존중하여 그들의 생애주기에 따른 특성 및 복지 욕구에 적합한 지원과 권리옹호 등이 체계적이고 효과적으로 제공될 수 있도록 필요한 사항을 규정함으로써 발달장애인의 사회참여를 촉진하고, 권리를 보호하며, 인간다운 삶을 영위하는 데 이바지함을 목적으로 한다.

제2조(정의) 이 법에서 사용하는 용어의 뜻은 다음과 같다.

1. "발달장애인"이란「장애인복지법」제2조 제1항의 장애인으로서 다음 각 목의 장애인을 말한다.

   가. 지적장애인: 정신 발육이 항구적으로 지체되어 지적 능력의 발달이 불충분하거나 불완전하여 자신의 일을 처리하는 것과 사회생활에 적응하는 것이 상당히 곤란한 사람

   나. 자폐성장애인: 소아기 자폐증, 비전형자폐증에 따른 언어·신체표현·자기조절·사회적응기능 및 능력의 장애로 인하여 일상생활이나 사회생활에 상당한 제약을 받아 다른 사람의 도움이 필요한 사람

   다. 그 밖에 통상적인 발달이 나타나지 아니하거나 크게 지연되어 일상생활이나 사회생활에 상당한 제약을 받는 사람으로서 대통령령으로 정하는 사람

2. "보호자"란 다음 각 목의 어느 하나에 해당하는 사람을 말한다.

   가.「아동복지법」제3조 제3호의 보호자(발달장애인이 미성년자인 경우에 한정한다)

   나. 성년인 발달장애인의 후견인

   다. 성년인 발달장애인의 후견인이 아닌 사람 중「민법」제779조에 따른 가족 또는 같은 법 제974조에 따른 부양의무자로서 사실상 해당 발달장애인을 보호하는 사람

   라. 성년인 발달장애인 중 나목 및 다목의 보호자가 없는 경우 지방자치단체의 장

이 발달장애인의 보호자로 지명하는 사람(나목에 따른 후견인을 선임하기 전까지
로 한정한다)

제3조(발달장애인의 권리) ① 발달장애인은 원칙적으로 자신의 신체와 재산에 관한
사항에 대하여 스스로 판단하고 결정할 권리를 가진다.

② 발달장애인은 자신에게 법률적·사실적인 영향을 미치는 사안에 대하여 스스
로 이해하여 자신의 자유로운 의사를 표현할 수 있도록 필요한 도움을 받을 권
리가 있다.

③ 발달장애인은 자신과 관련된 정책의 결정과정에서 자기의 견해와 의사를 표현
할 권리가 있다.

제4조(국가 및 지방자치단체의 책무) ① 국가와 지방자치단체는 발달장애인의 적절한
발달과 원활한 사회통합을 촉진하기 위하여 장애를 최대한 조기에 발견하여 지
원할 수 있도록 필요한 조치를 강구하여야 한다.

② 국가와 지방자치단체는 발달장애인의 장애를 완화하고 기능을 향상시키는 방안
을 마련하기 위한 연구와 조사를 지원하여야 하며, 발달장애인의 복지수준 향상
과 그 가족의 일상적인 양육부담을 경감하기 위하여 필요한 조치를 강구하여야
한다.

③ 국가와 지방자치단체는 발달장애인이 장애로 인하여 차별을 받는 등 권리가 침
해받지 아니하도록 권익옹호에 필요한 지원을 실시하여야 한다.

④ 국가와 지방자치단체는 발달장애인과 그 가족이 이용할 수 있는 복지시책을 적
극적으로 홍보하여야 하며, 국민이 발달장애인을 올바르게 이해하도록 하는 데
에 필요한 정책을 강구하여야 한다.

⑤ 국가와 지방자치단체는 제1항부터 제4항까지의 책무를 효율적으로 수행하기 위
하여 필요한 인력 및 예산을 확보할 수 있다.

제5조(국민의 책무) 모든 국민은 발달장애인의 인격을 존중하고 사회통합의 이념에
기초하여 발달장애인의 복지향상에 협력하여야 한다.

제6조(실태조사) ① 보건복지부장관은 발달장애인의 실태파악과 복지정책 수립을 위한 기초 자료로 활용하기 위하여 3년마다 발달장애인과 그 가족에 대한 실태조사를 실시하여야 한다.

② 제1항에 따른 실태조사는「장애인복지법」제31조에 따른 장애실태조사와 함께 실시할 수 있다.

③ 제1항에 따른 실태조사의 방법, 대상 및 내용 등에 필요한 사항은 대통령령으로 정한다.

제7조(다른 법률과의 관계) 발달장애인의 권리보호나 복지지원에 관하여 이 법에서 정한 사항에 대하여는 다른 법률에 우선하여 이 법을 적용한다.

제2장 권리의 보장

제8조(자기결정권의 보장) ① 발달장애인은 자신의 주거지의 결정, 의료행위에 대한 동의나 거부, 타인과의 교류, 복지서비스의 이용 여부와 서비스 종류의 선택 등을 스스로 결정한다.

② 누구든지 발달장애인에게 의사결정이 필요한 사항과 관련하여 충분한 정보와 의사결정에 필요한 도움을 제공하지 아니하고 그의 의사결정능력을 판단하여서는 아니 된다.

③ 제1항 및 제2항에도 불구하고 스스로 의사를 결정할 능력이 충분하지 아니하다고 판단할 만할 상당한 이유가 있는 경우에는 보호자가 발달장애인의 의사결정을 지원할 수 있다. 이 경우 보호자는 발달장애인 당사자에게 최선의 이익이 되도록 하여야 한다.

제9조(성년후견제 이용지원) ① 지방자치단체의 장은 성년인 발달장애인이 다음 각 호의 어느 하나에 해당하여 후견인을 선임할 필요가 있음에도 불구하고 자력으로 선임하기 어렵다고 판단되는 경우에는 그를 위하여「민법」에 따라 가정법원에 성년후견개시, 한정후견개시 또는 특정후견의 심판을 청구할 수 있다.

1. 일상생활에서 의사를 결정할 능력이 충분하지 아니하거나 매우 부족하여 의사결정의 대리 또는 지원이 필요하다고 볼 만한 상당한 이유가 있는 경우

2. 발달장애인의 권리를 적절하게 대변하여 줄 가족이 없는 경우

3. 별도의 조치가 없으면 권리침해의 위험이 상당한 경우

② 지방자치단체의 장이 제1항에 따라 성년후견개시, 한정후견개시 또는 특정후견의 심판을 청구할 때에는 대통령령으로 정하는 요건을 충족하는 사람 또는 법인을 후견인 후보자로 하여 그 사람 또는 법인을 후견인으로 선임하여 줄 것을 함께 청구하여야 한다. 〈개정 2016. 12. 2.〉

③ 지방자치단체의 장은 제33조 제1항에 따른 중앙발달장애인지원센터의 장에게 제2항에 따른 후견인 후보자를 추천하여 줄 것을 의뢰할 수 있다.

④ 국가와 지방자치단체는 제1항 및 제2항에 따라 선임된 후견인의 후견사무의 수행에 필요한 비용의 일부를 예산의 범위에서 보건복지부령으로 정하는 바에 따라 지원할 수 있다.

⑤ 제1항부터 제4항까지에 따른 성년후견제 이용지원의 요건, 후견인 후보자의 자격 및 추천 절차, 후견인 후견사무에 필요한 비용 지원 등에 필요한 사항은 보건복지부령으로 정한다.

제10조(의사소통지원) ① 국가와 지방자치단체는 발달장애인의 권리와 의무에 중대한 영향을 미치는 법령과 각종 복지지원 등 중요한 정책정보를 발달장애인이 이해하기 쉬운 형태로 작성하여 배포하여야 한다.

② 교육부장관은 발달장애인이 자신의 의사를 원활하게 표현할 수 있도록 학습에 필요한 의사소통도구를 개발하고 의사소통지원 전문인력을 양성하여 발달장애인에게 도움이 될 수 있도록 「초 · 중등교육법」 제2조 각 호의 학교와 「평생교육법」 제2조 제2호의 평생교육기관 등을 통하여 필요한 교육을 실시하여야 한다.

③ 행정안전부 장관은 국가와 지방자치단체의 민원담당 직원이 발달장애인과 효과적으로 의사소통할 수 있도록 의사소통 지침을 개발하고 필요한 교육을 실시하여야 한다. 〈개정 2014. 11. 19., 2017. 7. 26.〉

④ 제1항부터 제3항까지에 따른 정책정보의 작성 및 배포, 의사소통도구의 개발 · 교육 및 전문인력 양성, 민원담당 직원에 대한 의사소통지침 개발 및 교육 등에 필요한 사항은 대통령령으로 정한다.

제11조(자조단체의 결성) ① 발달장애인은 자신의 권익을 보호하고 사회참여를 제고하기 위하여 자조단체를 구성할 수 있다.

② 국가와 지방자치단체는 예산의 범위에서「장애인복지법」제63조에 따라 자조단체의 활동에 필요한 경비를 지원할 수 있다.

제12조(형사 · 사법 절차상 권리보장) ① 경찰청장, 해양경찰청장 및 제주특별자치도지사는「국가공무원법」제2조 제2항 제2호에 따른 경찰공무원과「지방공무원법」제2조 제2항 제2호에 따른 자치경찰공무원에게 발달장애인에 대한 올바른 인식확산을 위한 교육을 실시하여야 한다. 〈개정 2014. 11. 19., 2017. 7. 26.〉

② 발달장애인이 재판의 당사자가 된 경우 그의 보호자, 제33조에 따른 중앙발달장애인지원센터 및 지역발달장애인지원센터(이하 "발달장애인지원센터"라 한다)의 직원이나 그밖에 발달장애인과 신뢰관계에 있는 사람은 법원의 허가를 받아 법원의 심리과정에서 발달장애인을 위한 보조인이 될 수 있다.

③ 법원은 발달장애인을 증인으로 신문하는 경우 발달장애인 본인, 검사, 보호자, 발달장애인지원센터의 장의 신청이 있는 때에는 재판에 중대한 지장을 줄 우려가 있는 등 부득이한 경우가 아니면 발달장애인과 신뢰관계에 있는 사람을 동석하게 하여야 한다.

④ 수사기관이 발달장애인을 조사하는 경우에도 제2항 및 제3항을 따라야 한다.

제13조(발달장애인에 대한 전담조사제) ① 검찰총장은 각 지방검찰청 검사장으로 하여금 발달장애인 전담검사(이하 이 조에서 "전담검사"라 한다)를 지정하도록 하여 특별한 사정이 없으면 이들로 하여금 발달장애인을 조사 또는 심문하게 하여야 한다.

② 경찰청장은 각 경찰서장으로 하여금 발달장애인 전담 사법경찰관(이하 이 조에서 "전담사법경찰관"이라 한다)을 지정하도록 하여 특별한 사정이 없으면 이들로 하여금 발달장애인을 조사 또는 심문하게 하여야 한다.

③ 검찰총장 및 경찰청장은 전담검사 및 전담사법경찰관에게 발달장애인의 특성에 대한 전문지식과 의사소통 방법 및 발달장애인 보호를 위한 수사방법 등에 관한 교육을 실시하여야 한다.

④ 검찰총장 및 경찰총장은 전담검사 및 전담사법경찰관에게 예산의 범위에서 수

당을 지급할 수 있다.

⑤ 해양경찰청장 및 제주자치도지사도 제2항부터 제4항까지의 규정을 따라야 한다. 〈개정 2014. 11. 19., 2017. 7. 26.〉

제14조(발달장애인에 대한 범죄방지) ① 국가와 지방자치단체는 발달장애인에 대한 다음 각 호의 범죄(이하 "유기등"이라 한다)를 예방하고 근절하기 위한 대책을 마련하여 추진하여야 한다.

1. 「형법」제271조에 따른 유기 또는 존속유기
2. 「형법」제273조에 따른 학대 또는 존속학대
3. 「형법」제283조부터 제292조까지에 따른 약취, 유인, 인신매매, 상해 · 치상, 살인 · 치사, 수수 · 은닉 등
4. 「성폭력범죄의 처벌 등에 관한 특례법」제2조에 성폭력범죄
5. 「아동학대범죄의 처벌 등에 관한 특례법」제2조 제4호의 아동학대범죄
6. 그 밖에 발달장애인에게 특히 빈번하게 발생하는 범죄로서 대통령령으로 정하는 범죄

② 경찰청장, 해양경찰청장 및 제주특별자치도지사는 발달장애인에 대한 유기등의 발생사례가 없는지 소속경찰공무원 · 자치경찰공무원에게 관할 지역을 정기적으로 탐문하고 조사하도록 하여야 한다. 〈개정 2014. 11. 19., 2017. 7. 26.〉

제15조(신고의무) ① 누구든지 발달장애인에 대한 유기등의 발생 사실을 알게 된 경우에는 발달장애인지원센터 또는 수사기관에 신고할 수 있다.

② 다음 각 호의 어느 하나에 해당하는 사람은 그 직무상 발달장애인에 대한 유기등의 발생 사실을 알게 된 경우에는 즉시 발달장애인센터 또는 수사 기관에 신고하여야 한다. 〈개정 2016. 5. 29.〉

1. 「사회복지사업법」제34조에 따른 사회복지시설의 장과 그 종사자
2. 「장애인활동지원에 관한 법률」제16조에 따른 활동지원인력, 같은 법 제20조에 따른 활동지원기관의 장과 그 종사자
3. 「의료법」제2조 1항의 의료인과 같은 법 제3조 제1항의 의료기관의 장
4. 「의료기사 등에 관한 법률」제1조의 2 제1호의 의료기사

5. 「응급의료에 관한 법률」 제36조에 따른 응급구조사

6. 「소방기본법」 제34조에 따른 구조대 및 구급대의 대원

7. 「정신건강증진 및 정신질환자 복지서비스 지원에 관한 법률」 제3조 제3호에 따른 정신건강복지센터의 장과 그 종사자

8. 「영유아보육법」 제10조 각 호의 어린이집의 원장 등 보육교직원

9. 「유아교육법」 제20조에 유치원의 교직원 및 같은 법 제23조에 따른 유치원의 강사, 기간제 교사 또는 명예교사 등

10. 「초·중등교육법」 제19조에 따른 교직원, 같은 법 제19조의 2에 따른 전문상담교사 및 같은 법 제22조에 따른 산학겸임교사·명예교사 또는 강사 등

11. 「학원의 설립·운영 및 과외교습에 관한 법률」 제6조에 학원의 운영자와 그 종사자 및 같은 법 제14조에 따른 교습소의 교습자 등 종사자

12. 「성폭력방지 및 피해자보호 등에 관한 법률」 제10조에 따른 성폭력피해상담소의 장과 그 종사자 및 같은 법 제12조에 따른 성폭력피해자보호시설의 장과 그 종사자

13. 「성매매방지 및 피해자보호 등에 관한 법률」 제9조에 따른 지원시설의 장과 그 종사자 및 같은 법 제17조에 따른 성매매피해상담소의 장과 그 종사자

14. 「가정폭력방지 및 피해자보호 등에 관한 법률」 제5조에 따른 가정폭력 관련 상담소의 장과 그 종사자 및 같은 법 제7조의 2에 따른 가정폭력피해자의 장과 그 종사자

15. 「건강가정기본법」 제35조에 따른 건강가정지원센터의 장과 건강가정사 등 그 종사자

16. 「노인장기요양보호법」 제2조 제5호의 장기요양요원

③ 관계중앙행정기관의 장은 보건복지부령으로 정하는 바에 따라 제2항 각 호에 해당하는 사람의 자격 취득과정이나 보수교육과정 등에 발달장애인에 대한 유기등에 대한 신고의무와 관련된 교육내용을 포함하도록 하여야 한다.

④ 발달장애인지원센터 또는 수사기관의 장이나 직원은 제1항 및 제2항에 따른 신고인의 인적사항 또는 신고인임을 미루어 알 수 있는 사실을 다른 사람에게 알려주거나 공개하여서는 아니 된다.

제16조(현장조사) ① 발달장애인에 대한 유기등의 신고를 접수한 발달장애인센터의 직원이나 사법경찰관리는 지체 없이 그 현장에 출동하여야 한다. 이 경우 발달장애인지원센터의 장이나 수사기관의 장은 서로 발달장애인에 대한 유기등의 현장에 동행하여 줄 것을 요청할 수 있고 요청받은 발달장애인지원센터의 장이나 수사기관의 장은 정당한 사유가 없으면 그 소속 직원이나 사법경찰관리가 동행하도록 조치하여야 한다.

② 제15조에 따른 신고를 접수한 발달장애인지원센터의 직원이나 사법경찰관리는 발달장애인에 대한 유기등의 행위가 행하여지고 있는 것으로 신고된 현장에 출입하여 발달장애인 또는 유기등 행위자 등 관계인에 대한 조사를 하거나 질문을 할 수 있다. 이 경우 발달장애인지원센터의 직원은 그 발달장애인의 보호를 위한 범위에서만 조사 또는 질문을 할 수 있다.

③ 제2항에 따라 조사 또는 질문을 하는 발달장애인지원센터의 직원이나 사법경찰관리는 그 권한을 표시하는 증표를 지니고 이를 관계인에게 보여 주어야 한다.

④ 누구든지 발달장애인지원센터의 직원이나 사법경찰관리가 제1항 및 제2항에 따른 업무를 수행할 때에 폭행이나 협박을 하거나 현장조사를 거부하는 등 업무수행을 방해하는 행위를 하여서는 아니 된다.

제17조(보호조치 등) ① 발달장애인지원센터의 장은 발달장애인에 대한 유기등이 발생하였다고 믿을 만한 상당한 이유가 있고, 발달장애인을 그 가해자로 추정되는 사람으로부터 격리하거나 치료할 필요가 있는 경우 발달장애인을 임시로 보호하기 위하여 제4항에 따라 지정된 쉼터(이하 "위기발달장애인쉼터"라 한다) 또는 의료기관에 인도하는 등 발달장애인이 안전한 곳에서 보호받을 수 있도록 조치하여야 한다.

② 발달장애인지원센터의 장은 제1항에 따라 발달장애인을 격리하여 보호하는 경우 그 사실을 관할 특별시장·광역시장·특별자치시장·도지사·특별자치도지사(이하 "시·도지사"라 한다) 또는 시장·군수·구청장(자치구의 구청장을 말한다. 이하 같다)에게 즉시 통보하여야 하고, 그 격리기간은 7일을 넘을 수 없다. 다만, 대통령령으로 정하는 사유가 있는 경우에는 시·도지사 또는 시장·군수·구청장의 사전 승인을 받아 7일 이내에서 이를 연장할 수 있다.

③ 발달장애인지원센터의 장은 제2항에 따른 격리기간이 끝나기 전에 대통령령으로 정하는 바에 따라 피해 발달장애인의 복리를 위하여「장애인복지법」제60조의 2,「성폭력방지 및 피해자보호 등에 관한 법률」제15조 또는「가정폭력방지 및 피해자보호 등에 따른 법률」제7조의 3에 따른 시설입소를 통한 보호조치를 시·도지사 또는 시장·군수·구청장에게 의뢰할 수 있다.

④ 위기발달장애인쉼터는 보건복지부령으로 정하는 바에 따라「장애인복지법」제58 제1항 제1호의 장애인 거주시설 중에서 지정하여 운영하여야 한다.

⑤ 국가와 지방자치단체는 예산의 범위에서 제1항부터 제4항까지의 보호조치를 수행하는 데 필요한 경비의 전부 또는 일부를 지원할 수 있다.

제3장 복지지원 및 서비스

제18조(복지서비스의 신청) ① 발달장애인은 다음 각 호의 복지지원 및 서비스(이하 "복지서비스"라 한다),「사회보장기본법」제3조에 따른 사회보험, 공공부조 및 사회서비스를 스스로 신청해야 한다.

1.「장애인복지법」제55조 및「장애인활동 지원에 관한 법률」에 따른 활동지원급여

2.「장애아동 복지지원법」제21조에 따른 발달재활서비스지원, 같은 법 제23조에 따른 가족지원, 같은 법 제24조에 따른 돌봄 및 일시적 휴식지원 서비스지원, 같은 법 제25조에 따른 지역사회 전환 서비스지원 및 같은 법 제26조에 따른 문화·예술 등 복지지원

3. 제24조에 따른 재활 및 발달지원, 제27조에 따른 문화·예술·여가·체육 활동 등 지원, 제31조에 따른 보호자에 대한 상담지원 및 제32조에 따른 휴식지원 등

4. 그 밖에 보건복지부장관이 정하는 서비스

② 발달장애인이 의사를 결정할 능력이 충분하지 아니하다고 판단할 만한 상당한 이유가 있는 경우에는 보호자가 제1항에 따른 신청을 할 수 있다. 이 경우 보호자의 신청은 발달장애인의 신청으로 본다.

③ 제2항에도 불구하고 보호자가 제1항에 따른 신청을 아니 하는 경우「사회복지사업법」제14조에 따른 사회복지 전담공무원은 발달장애인에 대한 복지지원이 누락되지 아니하도록 하기 위하여 발달장애인의 동의를 받아 관할 지역에 거주하

는 발달장애인에 대한 복지서비스를 직권으로 신청할 수 있다. 이 경우 사회복지 전담공무원의 신청은 발달장애인의 신청으로 본다.

④ 제1항부터 제3항까지에 따른 신청을 하는 경우 신청자는 해당 발달장애인 개인의 특성을 고려한 복지서비스를 제공받을 수 있도록 개인별 복지서비스에 관한 제공계획(이하 "개인별지원계획"이라 한다)을 수립하여 줄 것을 특별자치시장·특별자치도지사·시장·군수·구청장에게 신청할 수 있다.

⑤ 제1항부터 제4항까지에 따른 복지서비스의 대상, 복지서비스 및 개인별지원계획의 신청 방법 및 절차 등에 필요한 사항은 보건복지부령으로 정한다.

제19조(개인별지원계획의 수립) ① 특별자치시장·특별자치도지사·시장·군수·구청장은 개인별지원계획의 수립을 신청받은 경우 대상자 선정 여부 및 복지서비스 내용을 결정하여 제33조 제2항에 따른 지역발달장애인지원센터(이하 "지역발달장애지원센터"라 한다)의 장에게 개인별지원계획의 수립을 의뢰하여야 한다.

② 지역발달장애인지원센터의 장은 개인별지원계획의 수립을 의뢰받은 경우 제1항에 따라 결정된 복지서비스의 범위에서 발달장애인 및 그 가족의 특성을 고려하여 복지서비스의 내용, 방법 등이 포함된 개인별지원계획을 수립하여야 한다.

③ 개인별지원계획을 수립할 때에는 발달장애인에게 적합한 의사소통의 방식으로 의견진술의 기회가 충분히 제공되어야 한다.

④ 지역발달장애인지원센터의 장은 복지서비스 대상자에 대하여 수립된 개인별지원계획의 승인을 특별자치시장·특별자치도지사·시장·군수·구청장에게 요청하여야 하며, 개인별지원계획은 특별자치시장·특별자치도지사·시장·군수·구청장의 적합성 심사를 거쳐 승인을 얻은 경우 효력을 가진다.

⑤ 지역발달장애인지원센터의 장은 개인별지원계획의 적합성 심사결과를 발달장애인 및 그 보호자에게 통보하여야 한다.

⑥ 개인별지원계획을 통보받은 발달장애인과 그 보호자는 발달장애인의 복지 욕구를 고려하여 개인별지원계획의 변경·수정을 지역발달장애인지원센터의 장에게 신청할 수 있다.

⑦ 개인별지원계획을 변경·수정하는 경우에는 제4항과 제5항의 절차를 따른다.

⑧ 제1항부터 제7항까지에 따른 개인별지원계획 수립의 의뢰 방법 및 절차, 수립방

법 및 내용, 승인통보 · 신청 · 변경 · 수정 방법 및 절차 등에 필요한 사항은 보건복지부령으로 정한다.

제20조(발달장애인과 복지서비스 제공기관 등의 연계) ① 지역발달장애인지원센터의 장은 특별자치시장 · 특별자치도지사 · 시장 · 군수 · 구청장에 의하여 복지서비스 대상자로 선정된 발달장애인과 그 가족에게 개인별지원계획에 따라 복지서비스 제공기관 등을 연계하여야 한다.

② 지역발달장애인지원센터의 장은 복지서비스 대상자와 복지서비스 제공기관 등을 연계할 때에는 복지서비스 대상자에게 복지서비스 제공시간 및 방법 · 비용부담 등 관련 정보를 제공하여야 한다.

③ 제2항에 따라 제공하여야 하는 관련정보의 제공방법 및 범위 등에 필요한 사항은 보건복지부령으로 정한다.

제21조(계좌의 관리 등) ① 발달장애인이 지급받을 복지지원이 현금으로 지급되는 경우에는 그의 명의로 개설된 예금계좌로 입금하여야 하며, 예금의 인출 및 다른 계좌로의 이체 등 관리도 발달장애인 스스로 하여야 한다.

② 발달장애인에게 의사를 결정할 능력이 충분하지 아니하다고 판단할 만한 상당한 이유가 있는 경우에는 보호자가 제1항에 따른 계좌관리를 대행할 수 있으며 보호자가 없는 경우에는 지방자치단체의 장이 발달장애인을 대신하여 계좌를 관리할 사람(이하 "계좌관리인"이라 한다)을 지정할 수 있다.

③ 계좌관리인이 자격 및 지정 절차 등에 필요한 사항은 보건복지령으로 정한다.

제22조(계좌관리의 점검 등) ① 지방자치단체의 장은 보건복지부장관이 정하는 바에 따라 발달장애인의 보호자 및 계좌관리인이 발달장애인의 계좌를 발달장애인의 이익을 위하여 적절하게 관리하는지 점검할 수 있다. 다만, 제2조 제2호 나목 또는 라목에 해당하는 보호자와 계좌관리인의 경우에는 그 계좌 관리를 점검하여야 한다.

② 지방자치단체의 장이 제1항에 따른 점검을 하는 때에는 통장 등 필요한 자료의 열람 또는 제출을 요구할 수 있으며, 필요한 질문을 할 수 있다. 이 경우 발달장애

인의 보호자 및 계좌관리인은 점검에 협조하여야 하며 통장 등 필요한 자료의 열람 또는 제출요구 등에 따라야 한다.

③ 지방자치단체의 장은 현금으로 지급된 복지지원이 발달장애인의 의사에 반하거나 발달장애인의 이익을 위하여 관리되고 있지 아니하다고 판단되는 경우 사실관계를 조사하여 계좌관리인을 변경하거나 후견인을 선임하도록 하는 등 필요한 조치를 하여야 한다.

④ 제1항부터 제3항까지에 따른 계좌 관리, 점검의 절차·대상·내용·조치방법 등에 필요한 사항은 보건복지부령으로 정한다.

제23조(조기진단 및 개입) ① 국가와 지방자치단체는 발달장애인의 장애를 조기에 발견하기 위하여 검사도구의 개발, 영유아를 둔 부모에 대한 정보제공 및 홍보 등 필요한 정책을 적극적으로 강구하여야 한다.

② 보건복지부장관은 발달장애가 의심되는 영유아에 대하여 발달장애 정밀진단 비용을 지원할 수 있다.

③ 제2항에 따른 지원 대상, 지원의 내용 등에 필요한 사항은 보건복지부령으로 정한다.

제24조(재활 및 발달지원) ① 국가와 지방자치단체는 발달장애인의 자신의 장애에도 불구하고 잠재적인 능력을 최대한 계발할 수 있도록 발달장애인에게 적절한 재활치료와 발달재활서비스 등을 제공하도록 노력하여야 한다.

② 보건복지부장관은 발달장애의 원인규명과 치료 및 행동문제 등의 완화를 위한 연구 및 의료지원체계를 구축하여야 한다.

③ 국가와 지방자치단체는 발달장애인의 특성과 요구에 맞는 체계적이고 효율적인 의료지원을 위하여 발달장애인 거점병원을 지정할 수 있다.

④ 국가와 지방자치단체는 자해·공격 등 행동문제로 인하여 일상생활에 곤란을 겪는 발달장애인을 전문적으로 지원하기 위하여 대통령령으로 정하는 바에 따라 행동발달증진센터를 설치·운영할 수 있다.

⑤ 국가와 지방자치단체는 예산의 범위에서 제1항부터 제4항까지의 사업을 수행하는 데 필요한 경비의 전부 또는 일부를 지원할 수 있다.

⑥ 제3항에 따른 거점병원의 지정 및 제4항에 따른 행동발달증진센터의 설치·운영 등에 필요한 사항은 보건복지부령으로 정한다.

제25조(고용 및 직업훈련지원) ① 국가와 지방자치단체는 발달장애인이 자신의 능력을 최대한 활용하여 직업생활을 영위할 수 있도록 필요한 강구하여야 한다.

② 보건복지부장관은 장애의 정도가 심한 발달장애인의 능력과 특성과 적합한 직업훈련을 지원하기 위하여 발달장애인에 특화된 직업훈련을 하는 직업재활시설을 설치·운영할 수 있다.

③ 제2항에 따른 직업재활시설의 설치·운영에 필요한 사항은 보건복지부령으로 정한다.

제26조(평생교육지원) ① 국가와 지방자치단체는 발달장애인에게 「교육기본법」 제3조 및 제4조에 따른 평생교육의 기회가 충분히 부여될 수 있도록 특별자치시·특별자치도·시·군·구(자치구를 말한다. 이하 같다)별로 「평생교육법」 제2조 제2호의 평생교육기관을 지정하여 발달장애인을 위한 교육과정을 적절하게 운영하도록 조치하여야 한다.

② 제1항에 따른 평생교육기관의 지정 기준과 절차, 발달장애인을 위한 교육과정의 기준, 교육제공인력의 요건 등은 교육부장관이 보건복지부장관과 협의하여 정한다.

③ 국가와 지방자치단체는 제1항에 따라 지정된 평생교육기관에 대하여 예산의 범위에서 발달장애인을 위한 교육과정의 운영에 필요한 경비의 전부 또는 일부를 지원할 수 있다.

제27조(문화·예술·여가·체육 활동 등 지원) ① 국가와 지방자치단체는 발달장애인이 영화, 전시관, 박물관 및 국가·지방자치단체 등이 개최하는 각종 행사 등을 관람·참여·향유할 수 있도록 발달장애인을 지원할 수 있다.

② 국가와 지방자치단체는 발달장애인의 문화·예술·여가·체육 활동을 장려하기 위하여 발달장애인의 특성과 흥미에 적합한 방식으로 설계된 시설, 놀이기구, 프로그램 및 그 밖의 장비 등을 지원할 수 있다.

③ 국가 및 지방자치단체는 발달장애인의 생활체육을 활성화시키기 위하여 생활체육 행사 및 생활체육 관련 단체를 지원할 수 있다.

④ 제1항부터 제3항까지에서 규정한 사항 외에 문화·예술·여가·체육 활동 등 지원을 위하여 필요한 사항은 대통령령으로 정한다.

제28조(소득보장) ① 국가와 지방자치단체는 발달장애인의 특수한 어려움을 고려하여 발달장애인이 적정한 생활수준을 유지할 수 있도록 장애인 연금제도 등 관련 장애인 복지제도의 개선을 위하여 노력하여야 한다.

제29조(거주시설·주간활동·돌봄 지원) ① 국가와 지방자치단체는 발달장애인의 특성에 맞는 거주시설 지원을 위하여 필요한 강구하여야 한다.

② 국가와 지방자치단체는 발달장애인의 낮 시간 활동 및 지역사회 참여를 효과적으로 제공할 수 있는 주간활동 지원을 위하여 노력하여야 한다.

③ 국가와 지방자치단체는 발달장애인과 그 가족의 특성과 요구에 따른 돌봄 지원을 제공하기 위하여 노력하여야 한다.

제4장 발달장애인 가족 및 보호자 지원

제30조(보호자에 대한 정보제공과 교육) ① 국가와 지방자치단체는 발달장애인의 보호자가 발달장애인을 적절하게 보호 및 양육하는 데 필요한 정보를 제공하거나 관련 교육을 할 수 있다.

② 국가와 지방자치단체는 발달장애인의 건전한 성가치관 형성과 성범죄 예방을 위하여 발달장애인과 그 보호자를 대상으로 성교육을 실시할 수 있다. 〈신설 2019. 12. 3.〉

③ 제1항에 따라 제공하는 정보와 교육 및 제2항에 따라 실시하는 성교육의 내용과 방법 등에 필요한 사항은 보건복지부령으로 정한다. 〈개정 2019. 12. 3.〉

④ 국가와 지방자치단체는 예산의 범위에서 제1항에 따른 정보제공과 교육 및 제2항에 따른 성교육의 실시에 필요한 경비의 전부 또는 일부를 지원할 수 있다. 〈개정 2019. 12. 3.〉

[시행일: 2020. 6. 4.] 제30조

제31조(보호자에 대한 상담지원) ① 국가 및 지방자치단체는 발달장애인과 동거하는 보호자에게 전문적인 심리상담 서비스를 제공할 수 있다.

② 제1항에 따라 제공하는 심리상담 서비스의 내용과 방법 등에 필요한 사항은 보건복지부령으로 정한다.

③ 국가와 지방자치단체는 예산의 범위에서 제1항에 따른 심리상담 서비스에 필요한 경비의 전부 또는 일부를 지원할 수 있다.

제32조(휴식지원 등) ① 국가 및 지방자치단체는 발달장애인 가족의 일상적인 양육부담을 경감하고 보호자의 정상적인 사회활동을 돕기 위하여 돌봄 및 일시적 휴식지원 서비스를 제공할 수 있다.

② 국가와 지방자치단체는 발달장애인의 형제·자매로서 발달장애인이 아닌 아동 및 청소년이 건전하게 성장할 수 있도록 이들의 정서발달과 심리적 부담 해소 등을 위한 프로그램 운영을 지원할 수 있다.

③ 제1항 및 제2항에 따른 지원을 제공할 때에는 발달장애인 가족의 경제적 능력 등을 고려하여 지원할 대상 및 내용을 결정할 수 있다.

④ 제1항 및 제2항에 따른 지원의 대상·기준 및 방법 등에 필요한 사항은 보건복지부령으로 정한다.

제5장 발달장애인지원센터

제33조(발달장애인지원센터) ① 보건복지부장관은 제4조에 따른 책무를 효과적으로 수행하고 발달장애인에 대한 통합적 지원체계를 마련하기 위하여 중앙발달장애인지원센터를 설치하여야 한다.

② 시·도 지사는 발달장애인의 권리보호 활동, 당사자와 그 가족에 대한 상담 등을 담당하는 지역발달장애인지원센터를 특별시, 광역시, 특별자치 시·도·특별자치도에 설치하여야 한다. 이 경우 시·도지사는 필요성을 고려하여 지역발달장애인지원센터를 시·군·구에 설치할 수 있다.

③ 시·도지사는 지역발달장애인지원센터를 시·군·구에 설치하는 경우 둘 이상의 시·군·구를 통합하여 하나의 지역발달장애인지원센터를 설치·운영할 수 있다. 이 경우 시·도지사는 지역발달장애인지원센터의 설치·운영에 필요한 비

용을 관할 구역의 발달장애인 수 등을 고려하여 시장·군수·구청장에게 공동으로 부담하게 할 수 있다.

④ 제1항 및 제2항에 따른 발달장애인지원센터의 설치기준과 운영, 직원의 자격과 배치기준 및 절차 등에 필요한 사항은 보건복지부령으로 한다.

⑤ 발달장애인지원센터는 발달장애인(보호자를 포함한다)이 참여하는 운영위원회를 구성·운영할 수 있다.

⑥ 제5항에 따른 운영위원회 설치·운영에 필요한 사항은 보건복지부령으로 정한다.

⑦ 국가와 지방자치단체는 예산의 범위에서 발달장애인지원센터의 설치 및 운영에 필요한 경비의 전부 또는 일부를 지원할 수 있다.

제34조(발달장애인지원센터의 임무) ① 중앙발달장애인지원센터는 다음 각 호의 업무를 수행한다.

1. 발달장애인에 대한 연구수행지원

2. 발달장애인이 이용 가능한 복지정보 데이터베이스 구축 및 정보제공

3. 발달장애인 가족 및 관련서비스 종사자에 대한 지침·편람 마련 및 교육지원

4. 발달장애인에 대한 인식개선 홍보

5. 발달장애인 지원 프로그램

6. 지역발달장애인지원센터의 지원

7. 제9조 제3항에 따른 후견인 후보자의 추천

8. 발달장애인 권리침해의 모니터링 및 권리구제의 지원

9. 그 밖에 보건복지부장관이 필요하다고 인정되는 사항

② 지역발달장애인지원센터는 다음 각 호의 업무를 수행한다.

1. 발달장애인에 대한 개인별지원계획의 수립

2. 발달장애인을 위한 복지지원 정보의 제공 및 연계

3. 발달장애인 가족 및 관련 서비스 종사자에 대한 교육지원

4. 발달장애인에게 서비스를 제공하는 기관에 대한 정보의 축적 및 관리

5. 발달장애 조기 발견과 발달장애인에 대한 인식개선을 위한 지역사회 홍보

6. 발달장애인 및 그 가족에 대한 상담지원

7. 제2조 제2호 라목에 따른 보호자에 대한 감독

8. 제9조에 따라 선임된 후견인에 대한 감독지원 및 후견업무의 지원

9. 제16조 및 제17조에 따른 현장조사 및 보호조치 등 발달장애인의 권리구제 지원

10. 그 밖에 보건복지부장관이 필요하다고 인정하는 사항

③ 발달장애인지원센터는 대통령령으로 정하는 자격을 가진 특수교사, 사회복지사, 변호사 등 필요한 인력을 적절히 배치하여 발달장애인이 복지 및 법률 서비스를 받을 수 있도록 노력하여야 한다.

④ 발달장애인지원센터는 발달장애인 동료에 대한 상담 및 교육 등의 역할을 수행할 수 있는 발달장애인을 채용할 수 있다.

⑤ 제3항 및 제4항에 따른 인력배치 및 채용 등에 필요한 사항은 보건복지부령으로 정한다.

제35조(관계기관의 협조) ① 지역발달장애인지원센터는 다음 각 호의 기관의 장에게 발달장애인에 대한 서비스 제공 현황 등 관련 정보의 제공을 요청할 수 있다. 이 경우 협조 요청을 받은 기관의 장은 특별한 사유가 없으면 이에 따라야 한다. 〈개정 2015. 12. 29.〉

1. 제25조 제2항에 따라 설치·운영되는 직업재활시설

2. 제26조 제1항에 따라 지정되어 발달장애인을 위한 교육과정을 운영하는 평생교육기관

3. 제30조부터 제32조까지에 따른 서비스를 제공하는 기관

4. 「장애인복지법」 제58조에 따른 장애인복지시설

5. 「장애아동 복지지원법」 제21조 제3항에 따라 지정된 발달재활서비스 제공기관

6. 「장애아동 복지지원법」 제24에 따른 돌봄 및 일시적 휴식지원서비스를 제공하는 기관

7. 「장애인활동 지원에 관한 법률」 제2조 제6호의 활동지원기관

8. 「장애인고용촉진 및 직업재활법」 제9조에 따른 장애인 직업재활 실시 기관

9. 「영유아보육법」 제2조 제3호의 어린이집

10. 「유아교육법」 제2조 제2호의 유치원

11. 「초·중등교육법」 제2조 각 호의 학교

12. 「노숙인 등의 복지 및 자립지원에 관한 법률」 제16조 제1항에 제1호부터 제4호

까지에 따른 노숙인복지시설

13. 그밖에 보건복지부령으로 정하는 기관

② 제1항에 따라 각 기관별로 제공을 요청할 수 있는 정보의 내용, 제공방법 등에 필요한 사항은 보건복지부령으로 정한다.

제36조(발달장애인지원정보시스템의 구축 및 운영) ① 보건복지부장관은 이 법의 시행에 필요한 각종 자료 및 정보의 효율적인 처리와 기록 및 관리 업무의 전산화를 위하여 대통령으로 정하는 바에 따라 발달장애인지원정보시스템을 구축·운영할 수 있다.

제37조(서비스의 제공 등) ① 국가와 지방자치단체는 제30조부터 제32조까지의 규정에 따라 서비스를 제공할 경우 「사회서비스 이용 및 이용권 관리에 관한 법률」 제2조 제2호의 사회서비스이용권으로 제공할 수 있다.

② 보건복지부장관은 제1항에 따라 사회서비스이용권을 제공하는 경우 「사회서비스 이용 및 이용권 관리에 관한 법률」 제16조에도 불구하고 서비스 제공을 위한 전문인력의 수급상황, 제공기관 현황과 서비스 수요자의 규모 등을 고려하여 소재지를 관할하는 특별자치시장·특별자치도지사·시장·군수·구청장(이하 "지정권자"라 한다)으로 하여금 사회서비스 이용권을 통하여 서비스를 제공하는 기관 등을 지정하게 할 수 있다.

③ 제1항 및 제2항에 따른 사회서비스이용권의 제공방법 및 절차, 서비스제공기관의 지정 기준 및 절차 등에 필요한 사항은 보건복지부령으로 정한다.

제38조(서비스제공기관의 변경지정 등) ① 제37조 제2항에 따라 서비스를 제공하도록 지정받은 기관 등(이하 "서비스 제공기관"이라 한다)의 장은 보건복지부령으로 정하는 중요 사항을 변경하려는 경우 보건복지부장관이 정하는 바에 따라 지정권자의 변경지정을 받아야 한다.

② 서비스제공기관이 폐업 또는 휴업하려는 경우에는 폐업 또는 휴업 예정일 전 30일까지 지정권자에게 신고하여야 하며 신고를 받은 지정권자는 인근 지역에 대체할 서비스제공기관이 없는 등 서비스 제공에 중대한 차질이 우려되는 경우에는

서비스제공기관의 폐업 또는 휴업철회를 권고하거나 그 밖의 다른 조치를 마련
하여야 한다.

③ 서비스제공기관의 지정권자는 서비스제공기관이 다음 각 호의 어느 하나에 해
당하는 경우에는 6개월의 범위에서 업무를 정지하거나 그 지정을 취소할 수 있
다. 다만, 제1호에 해당하는 경우에는 지정을 취소하여야 한다.

1. 거짓이나 그 밖의 부정한 방법으로 지정을 받은 경우
2. 제37조 제2항 및 제3항에 따른 시설 및 인력 기준 등 지정기준에 맞지 아니하
게 된 경우
3. 제40조에 따른 자료의 제출과 보고 요구를 거부·방해·기피하거나 거짓 자
료를 자료하거나 관계 공무원의 조사에 협조하지 아니한 경우
4. 거짓이나 그 밖의 부정한 방법으로 서비스 제공 비용을 청구한 경우
5. 서비스 제공과 관련한 개인정보를 본인의 동의 없이 누설한 경우

④ 제3항에 따라 지정취소를 받은 자는 그 처분을 받은 날부터 2년 이내의 범위에서
대통령령으로 정하는 기간 동안 서비스제공기관으로 다시 지정될 수 없다.

⑤ 제3항에 따른 행정처분의 세부적인 기준 및 절차 등에 필요한 사항은 보건복지
부령으로 정한다.

제6장 보칙

제39조(지도와 감독) ① 보건복지부장관, 시·도지사 또는 시장·군수·구청장은
발달장애인에 대한 서비스의 원활한 제공을 위하여 서비스제공에 대하여 필요
한 지도와 감독을 할 수 있다.

제40조(보고와 검사) ① 보건복지부장관, 시·도지사 또는 시장·군수·구청장은 서
비스제공기관의 장으로 하여금 필요한 자료제출과 보고를 하게 할 수 있으며, 관
계공무원으로 하여금 운영상황을 조사하게 하거나 장부와 그 밖의 서류를 검사
하게 할 수 있다.

② 제1항에 따라 관계공무원이 그 직무를 수행할 때에는 그 권한을 표시하는 증표
를 지니고 이를 관계인에게 보여 주어야 한다.

제41조(위임·위탁) ① 이 법에 따른 보건복지부장관, 시·도지사의 권한은 대통령령으로 정하는 바에 따라 소속기관의 장, 시·도지사 또는 시장·군수·구청장에게 그 일부를 위임할 수 있다.

② 보건복지부장관과 시·도지사, 시장·군수·구청장은 보건복지부령으로 정하는 바에 따라 「공공기관의 운영에 관한 법률」 제4조에 따른 공공기관을 지정하여 제25조 제2항에 따른 직업재활시설이나 발달장애인지원센터의 운영을 위탁할 수 있다. 이 경우 발달장애인지원센터는 「장애아동 복지지원법」 제8조에 따른 중앙장애아동지원센터 또는 같은 법 제9조에 따른 지역장애아동지원센터와 통합하여 운영하도록 할 수 있다.

③ 시·도지사, 시장·군수·구청장은 위기발달장애인쉼터의 운영 및 제22조에 따른 계좌 관리의 점검을 지역발달장애인지원센터의 장에게 위탁할 수 있다.

④ 보건복지부장관은 보건복지부령으로 정하는 바에 따라 「공공기관의 운영에 관한 법률」 제4조에 따른 공공기관을 지정하여 제36조에 따른 발달장애인지원정보시스템의 구축·운영을 위탁할 수 있다.

제7장 벌칙

제42조(벌칙) 다음 각 호의 어느 하나에 해당하는 자는 1년 이하의 징역 또는 1천만원의 벌금에 처한다.

1. 거짓이나 그 밖의 부정한 방법으로 제23조부터 제27조까지 및 제30조부터 제32조까지에 규정된 서비스 또는 지원을 받거나 다른 사람으로 하여금 이를 받게 한 자

2. 제15조 제4항을 위반하여 신고인의 인적사항 또는 신고인임을 미루어 알 수 있는 사실을 다른 사람에게 알려주거나 공개 또는 보도한 발달장애인지원센터의 장 또는 직원

제43조(양벌규정) 법인의 대표자나 법인 또는 개인의 대리인, 사용인, 그 밖의 종업원이 그 법인 또는 개인의 업무에 관하여 제42조 제1호 또는 제2호의 위반행위를 하면 그 행위자를 벌하는 외에 그 법인 또는 개인에게도 해당 조문의 벌금형을 과한다. 다만, 법인 또는 개인이 그 위반행위를 방지하기 위하여 해당 업무에 관하여

상당한 주의와 감독을 게을리 하지 아니한 경우에는 그러하지 아니하다.

제44조(과태료) ① 다음 각 호의 어느 하나에 해당하는 자에게는 300만 원 이하의 과태료를 부과한다.

1. 제15조 제2항을 위반하여 발달장애인에 대한 유기등을 신고하지 아니한 사람
2. 정당한 사유 없이 제16조 제4항을 위반하여 현장조사를 거부·기피하는 등 업무 수행을 방해한 사람
3. 제22조 제2항을 위반하여 지방자치단체의 장에 대하여 계좌관리 상황과 관련한 자료열람 또는 제출을 거부하거나 거짓으로 한 발달장애인의 보호자 및 계좌관리인
4. 제38조 제1항을 위반하여 변경지정을 받지 아니한 자
5. 제38조 제2항을 위반하여 폐업·휴업 시 신고하지 아니한 자 또는 거짓으로 신고한 자
6. 정당한 사유 없이 제40조 제1항에 따른 자료제출·보고를 거부하거나 거짓으로 한 자 또는 조사·검사를 거부·방해하거나 기피한 자

② 제1항에 따른 과태료는 대통령령으로 정하는 바에 따라 보건복지부장관, 시·도지사 또는 시장·군수·구청장이 부과·징수한다.

부칙〈법률 제12618호, 2014. 5. 20.〉
제1조(시행일) 이 법은 공포 후 1년 6개월이 경과한 날부터 시행한다.

제2조(다른 법률의 개정) 사회복지사업법 일부를 다음과 같이 개정한다.
제2조 제1호에 터목을 다음과 같이 신설한다.
터. 「발달장애인 권리보장 및 지원에 관한 법률」

부칙〈법률 제12844호, 2014. 11. 19.〉
제1조(시행일) 이 법은 공포한 날부터 시행한다. 다만, 부칙 제6조에 따라 개정되는 법률 중 이 법 시행 전에 공포되었으나 시행일이 도래하지 아니한 법률을 개정한 부분은 각각 해당 법률의 시행일부터 시행한다.

제2조부터 제5조까지 생략

제6조(다른 법률의 개정) ①부터 〈191〉까지 생략

〈192〉 법률 제12618호 발달장애인 권리보장 및 지원에 관한 법률 일부를 다음과 같이 다음과 같이 개정한다.

제10조 제3항 중 "안전행정부장관"을 "행정자치부장관"으로 한다.

제12조 제1항 중 "경찰청장, 해당경찰청장"을 "국민안전처장관, 경찰청장"으로 한다.

제13조 제5항 중 "해양경찰청장"을 "국민안전처장관"으로 한다.

제14조 제2항 중 "경찰청장, 해양경찰청장"을 "국민안전처장관, 경찰청장"으로, "경찰공무원 · 해양경찰공무원"을 "경찰공무원"으로 한다.

〈193〉부터 〈258〉까지 생략

제7조 생략

부칙〈법률 제13664호, 2015. 12. 29.〉 (장애인활동 지원에 관한 법률)

제1조(시행일) 이 법은 공포 후 1년이 경과한 날부터 시행한다. 〈단서 생략〉

제2조부터 제8조까지 생략

제9조(다른 법률의 개정) ① 발달장애인 권리보장 및 지원에 관한 법률 일부를 다음과 같이 개정한다.

제35 제1항 제7호 중 "장애인활동지원기관"을 "활동지원기관"으로 한다.

② 생략

부칙〈법률 제14224호, 2016. 5. 29.〉 (정신건강증진 및 정신질환자 복지서비스 지원에 관한 법률)

제1조(시행일) 이 법은 공포 후 1년이 경과한 날부터 시행한다.

제2조부터 제19조까지 생략

제20조(다른 법률의 개정) ①부터 ⑥까지 생략

⑦ 발달장애인 권리보장 및 지원에 관한 법률 일부를 다음과 같이 개정한다.

제15 제2항 제7호 중 "「정신보건법」 제13조의 2에 따른 정신보건센터"를 "「정신건
강증진 및 정신질환자 복지서비스 지원에 관한 법률」 제3조 제3호에 따른 정신건
강복지센터"로 한다.

⑧부터 까지 ㉒생략

제21조 생략

부칙〈법률 제14324호, 2016. 12. 2.〉

이 법은 공포 후 6개월 경과한 날부터 시행한다.

부칙〈법률 제14839호, 2017. 7. 26.〉(정부조직법)

제1조(시행일) ① 이 법은 공포한 날부터 시행한다. 다만, 부칙 제5조에 따라 개정되
는 법률 중 이 법 시행 전에 공포되었으나 시행일이 도래하지 아니한 법률을 개정
한 부분은 각각 해당 법률의 시행일부터 시행한다.

제2조부터 제4조까지 생략

제5조(다른 법률의 개정) ①부터 〈182〉까지 생략

〈183〉 발달장애인 권리보장 및 지원에 관한 법률 일부를 다음과 같이 개정한다.

제10조 제3항 중 "행정자치부장관"을 "행정안전부장관"으로 한다.

제12조 제1항 중 "국민안전처장관, 경찰청장"을 "경찰청장, 해양경찰청장"으로 한다.

제13조 제5항 중 "국민안전처장관"을 "해양경찰청장"으로 한다.

제14조 제2항 중 "국민안전처장관, 경찰청장"을 "경찰청장, 해양경찰청장"으로 한다.

〈184〉부터 〈382〉까지 생략

제6조 생략

5. 행동치료 사례연구

1) 행동 간 중다기초선 설계

1. 대상 아동(백민희, 6세, 여, 가명)
   - 진단명(지적장애, 자폐성장애)
   - 진단 장소(서울, S 대학병원)

2. 치료 대상 문제행동
   - 공격
   - 자해행동
   - 떼쓰기

3. 현재 발달수준
   - 표현언어 부재
   - 간단한 지시 이해
   - 손 끌어다 의사표현
   - 신변처리 어려움
   - 편식 심하고 먹는 음식은 도구를 사용하지 않음
   - 운동능력 지연

4. 목표행동 설정
   1) 공격행동: 물기
   2) 자해행동
      (1) 손등 물기
      (2) 양손으로 볼 꼬집기
      (3) 머리를 벽이나 바닥에 박기
   3) 발 구르며 울고 떼쓰기-던지기

5. 치료 전 문제행동평가

1) 치료실 기초선 자료수집

(1) 치료 장소

- 2m×3m 치료실

- 일방경 통해 관찰

- 바닥에 양탄자 깔린 방

(2) 평가 조건

- 고립 조건: 치료실에 장난감이나 가구가 없는 상태에서 혼자 있게 함

- 장난감 놀이 조건: 치료실에 장난감과 책상, 의자를 배열 후 혼자 있게 함

- 제지 조건: 책상 위에 좋아하는 책이나 과자, 장난감을 놓아 두고 아동이 던지거나 집으려 할 때 치료사가 아동의 행동을 제지함

- 요구 조건: 치료사가 10개의 지시 따르기 항목을 지시하여 응하도록 함

- 관심 조건: 치료실에 책상과 장난감, 책 등을 넣어 주고 아동이 문제행동을 보일 때마다 아동에게 그러지 말라고 타이르며 관심을 줌

(3) 기능분석

- 평가 조건에서 수집한 자료는 문제행동 원인분석에 사용됨

- 공격행동, 자해행동, 파괴행동은 고립, 요구, 제지 조건에서 나타남

6. 치료과정

1) 3단계 지시 따르기

2) 보조법

3) 동작억압고립법-구석고립법

4) 보상법

- 스낵

- 쓰다듬기

- 칭찬하기

- 집착하는 물건 만질 기회 주기

5) 보조교사 및 부모훈련

※ 3단계 지시 따르기에 사용한 지시 따르기 문항

	놀이 장면	학습 장면
1	장난감 치워	의자 들어
2	여기로 가져와(데려와); 장난감, 친구, 책상	자리에 앉아
3	책상 위에 놓아	손 무릎
4	~로 가(피아노, 책상 등)	선생님한테 ~줘(연필, 공 등)
5	앉아	책꽂이 책 이리 가져와
6	장난감 장에 장난감 갖다놔	박수 쳐
7	기다려	일어서
8	~랑 놀아(친구 이름)	그림 카드 융판에 붙여
9	옷 걸어	쉿(소리 지를 때)
10	~옆에 앉아(친구 이름)	공 줘

7. 결과

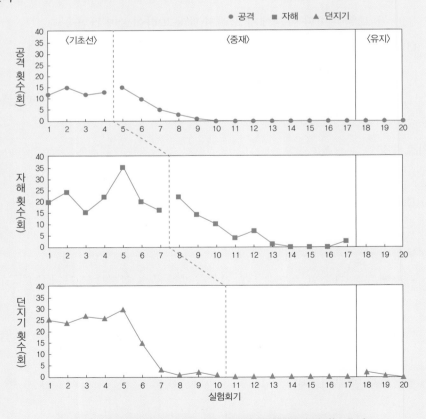

[그림 1] 3단계 지시 따르기가 6세 아동의 문제행동에 미치는 효과

2) 사례연구를 사용하여 중다기초선 설계 연구를 한 사례

Ⅰ. 서론

자폐스펙트럼장애는 자폐성장애의 정도와 다양성에 기반을 둔 용어로 DSM-TR(2000)에서는 전반적 발달장애라는 용어로 진단하고 있다. 이는 자폐장애를 전형적인 자폐장애 이외에도 아스퍼거 증후군 소아붕괴성 장애, 레트 장애, 달리 분류되지 않는 전반적 장애 등 스펙트럼 선상의 장애로 보는 임상적 용어다(윤현숙, 2007; 윤현숙, 곽금주, 2006; Fillipek, Accardo, Baranek, Cook, Dawson, Gordon, Gravel, Johnson, Kallen, Levy, Minshew, Piazant, Rapin, Rogers, Stone, Triplin, Tuchman, & Volkmar, 1999; Wing, 2001).

2007년 5월에 제정되어 2008년 5월 26일자로 시행되는 「장애인에 대한 특수교육법(법률 제8483호)」에서는 자폐스펙트럼장애를 자폐범주성장애의 개념을 포함한 자폐장애라는 독립된 장애로 범주화하였다(법제처, 2008). 따라서 본 연구에서는 자폐장애, 자폐성장애, 자폐범주성장애, 자폐스펙트럼장애, 전반적 발달장애를 혼용하여 사용하기로 한다.

자폐장애아동은 어린 시절 판별이 어렵고 조기에 인식이 어려워 언어발달이 활발하게 이루어지는 2세 전후에 가서야 진단을 위해 노력하는 것으로 알려져 있다(윤현숙, 2001). 이 중 발현되는 문제행동은 이 시기에 이미 발현되어 인생 전반을 통해 이루어야 할 발달과업에 부정적인 영향을 미치는 것으로 알려져 있다(윤현숙, 정보인, 2001). 또한 알 수 없는 기이한 행동장애로 인하여 가족은 심한 스트레스를 겪으며 이를 중재하기 위하여 행동중재를 요청하는 것으로 알려져 있다. 특히, 이러한 부적응행동은 가족의 스트레스를 가중시키는 주요 원인으로 알려져 왔다(Dale, Jahoda, & Knott, 2006). 이 중 부모에게 양육 스트레스를 가장 심하게 느끼는 것은 아동의 문제행동인데, 의사소통의 어려움과 지시를 따르지 않는 문제로 알려져 있다(윤현숙, 2007; Loukusa, Leinonen, Kuusikko, Jussila, Mattila, Ryder, Ebeling, & Moilanen, 2006). 자폐성아동에게 빈번하게 나타나는 문제행동 중 상동행동은 맛보기, 냄새 맡기, 느끼기, 톡톡 치기, 다른 사람의 얼굴 할퀴기, 기계적인 소리 내고 듣기, 빛 응시하기, 반짝이는 물건 들여다보기, 두 손을 비틀거나 양손 돌리기, 눈 가까이에 대고 물건 돌리기, 다른 각도에서 사물 보기, 전등불 켰다 껐다 하기, 빙빙 돌기, 맴맴 돌기 등 수많은 반복적인 행동을 보인다. 이러한 상동행동은 때로 공격이나 자해 형태로 변형되기도 하여 물기, 머리 박기, 때리기, 상대방 치기, 상대방 할퀴기 등으로 나타나는데, 이러한 행동은 청소년을 거쳐 성인기에 이르도록 지속되는 경향이 있다(Wing, 2001).

음성상동행동 또한 심하고 반복적인 행동으로 나타나는데, 텔레비전 광고 되뇌이기, 비디오 반복적으로 보기, 특정 낱말 반복적으로 표현하기 등 억제하지 않고 나타내게 되어 학습에 커다란 방해 요소가 되고 있다. 이러한 행동은 자극 즐기기 등의 자극수준을 조절하기 어려운 자폐성장애의 특성으로 인한 문제행동으로 나타나고 있다(Alberto & Troutman, 2006). 특히, 고기능 자폐아동이나 아스퍼거 장애아동의 경우는 반복행동 또한 학문적으로 나타나 특정 주제에 대하여 반복적으로 생각하고(Wing, 2001), 상대방의 관심사와 관계없이 그 주제에 대하여 언급하는 경향이 있는데, 이는 사회적 자극에 대한 선택적 반응양상으로 설명되고 있다(Johnson, Yechiam, Murphy, Queller, & Stout, 2006).

자폐장애아동은 발달단계에 따라 혼자 노는 단계로부터, 수동적인 단계, 적극적이나 기괴한 단계 혹은 현학적인 단계로 나누어 발달하는 것으로 알려져 있다(Wing, 2001). 이 중 현학적인 집단은 청소년기 후반, 혹은 성인기에 나타나기 때문에 아동기 동안 사회성 유형에 따라 적합한 지원을 할 필요가 있다. 이러한 측면에서 학교를 입학한 학령기의 경우 또래 아동과의 상호작용을 위하여 적극적이며 기괴한 집단의 아동을 특별히 지원할 필요가 있다. 이들은 다른 사람의 마음을 읽어내는 데 어려움이 있으며, 자신의 관심사대로 일이 돌아가지 않으면 심하게 화를 내고 동료와의 관계 형성에 어려움을 겪어 청소년기를 위한 사회성 기술이 필요한 것으로 알려져 있다(Tse, Strulovitch, Tagalakis, Meng, & Fombonne, 2007).

특히, 통합교육 흐름에 있는 국내의 학급의 경우 아동의 특성을 이해하고 적응하도록 도움을 줄 필요가 있겠는데, 한 장면에서의 지원이 다른 장면으로 전이되는 어려움을 겪는 아동의 특성상 일반화 전략을 위하여 보조자가 필요한 것으로 보인다(이소현, 2006; Chandler & Dahlquist, 2002).

이러한 아스퍼거장애의 경우는 일반적인 병원환경에서는 진단하기 용이하지 않다고 알려져 있는데, ① 또래와의 상호작용 측면에서, ② 스트레스 상황에서 심하게 발생한다는 점, 그리고 ③ 시간표나 일과가 예측되기 어려운 환경, ④ 고도의 구조화가 제공되거나 제공되지 않을 때, ⑤ 감각적 스트레스 요소가 드러나는 상황, 혹은 ⑥ 새로운 상황에서 가장 잘 나타난다고 설명하고 있다(이소현, 2006).

학령기 자폐스펙트럼장애아동의 어려움은 시간표가 예측되지 않거나 구조화된 환경이 제공되지 않을 때, 혹은 학업기능의 수준이 아동의 잠재성과 심한 격차를 보이면서 제공되었을 때 극심하게 나타날 수 있다. 특히, 학령기 초기인 초등학교 단계에서는 학교 교육의 구조화를 처음 겪는 시기로서 문제행동이 증폭될 확률이 높아지게 된다(Chandler & Dahlquist, 2002). 이러한 측면에서 적절한 전문가가 지원되지 않는 통합환경에서의 아동에게는 문제행동이 발생될 소지가 더 크다고 하겠다. 따라서 적절한 지원을 위해서는 일반화 훈련을 위한 보조자 훈련이 필요한데, 상대적으로 구조화가 어려운 환경인 일반학교나 가정환경에서의 지원을 위해서는 구조화 훈련이 집중적으로 이루어져야 할 것으로 보인다(윤현숙, 2007).

이러한 행동중재는 예방이 강조되고 일반화를 손쉽게 하는 긍정적 행동지원 접근이 필요하다. 따라서 아동이 손쉽게 접근하고 일반화를 유도하기 위한 적절한 지원이 필요하다. 이를 위하여 구조화되고 집중적인 지원이 필수적이다(정보인, 2005).

구조화교수는 물리적 · 환경적 · 시간적 구조를 명확하게 해 주는 것으로 지시순응 훈련에 보편적으로 사용되는 기법이다(정보인 외, 2001).

아동에게 적정수준의 과제 제시 방법 또한 훈련되는데, 이러한 방법은 집단 장면에서 아동을 직접 가르치는 데 필수적인 요소가 된다. 자폐성 장애교육에서의 효과적 접근에 대하여 이소현(2006)은 과학적 기반의 실제(Scientifically Based Practice)로 응용행동분석과 부모를 위한 대안적 프로그램을, 성과가 기대되는 실제(Promising Practice)로 놀이 중심의 전략, 보조공학, 보완대체 의사소통, 우발교수, 공동행동일과, 그림교환의사소통체계, 구조화된 교수를 들고 있는데, 이 중 구조화된 교수는 학령기 장면의 통합교육 철학과 맞물려 최근에 매우 강조되고 있다. 따라서 학교나 가정에서 필요한 집단생활의 규칙을 습득하기 위해서는 구조화된 장면의 집중적인 지시 따르기 훈련과 과제수행기능을 증가로 주의집중을 유도하는 중재전략이 필요하며, 이러한 기술은 주의집중 시간을 늘리고 학습에 응하는 시간을 강화시키는 학습전략이 될 것이다. 따라서 고안될 지시 따르기 항목은 환경에서 자주 사용되고 아동이 사용하기에 용이하며 일반화 효과가 높은 활동이 필요하다고 할 수 있다. 이러한 구조화된 교수는 향후 가족이나 학교에서 용이하게 사용할 수 있는 접근으로 사용되며 아동이 학교나 일상생활 장면에서 사용될 직접적인 항목으로 교수하는 것이 적절하다고 하였다(윤현숙, 2007; 이소현, 2005).

학령기 아동의 지시 따르기 항목은 교재나 여가 중심의 교수가 필요하나 중도장애아동 선호 감각에 따라 소리자극이 있는 장난감, 여가기술 훈련용 교구 등이 필요한데, 이는 발달연령이 고려된 생활연령 중심의 교재 사용 원리에 따라 아동의 요구에 맞는 선호 자료가 필요한 데서 기인한다(윤현숙, 2007). 구조화된 교수는 최근에 많은 연구에서 보고되고 있는데 단순한 과제의 제시와 과제를 선택할 수 있는 기회를 제공하는 것은 문제행동을 완화시킬 뿐 아니라 언어발달, 사회성 증진에 영향을 미치는 것으로 알려져 왔다(윤현숙, 2006; 윤현숙, 2007; 윤현숙 외, 2004; 윤현숙, 곽금주, 2005; 2006; 정보인, 윤현숙, 2005; Chandler & Dahlquist, 2002). 정보인과 윤현숙(2005)은 아동의 선호과제를 5영역으로 구분하여 과제를 제시한 후에 '멈춰-가' 훈련을 실시하였는데, 아동의 수행수준의 증가뿐 아니라 문제행동의 감소가 된 사실을 발견하였다. 이는 명확한 기대치와 선호감각, 흥미, 구조화 등이 자폐스펙트럼장애아동의 학습과정에 영향을 미치는 것을 시사하고 있다(이소현, 2006). 또한 부모에게 구조화를 통한 직접교수를 실시하였을 때 아동의 문제행동 감소와 언어발달 증진을 보고하였다(윤현숙, 2007).

본 연구에서는 학령기 아동의 구조화기술이 아동의 지시 따르기에 미치는 영향을 알아보기 위해 고안되었다. 이를 위하여 아동의 발달수준에 맞는 과제를 제시한 후 아동의 문제행동과 언어행동에 미치는 영향 정도를 알아보고자 실시되었다.

Ⅱ. 연구방법

1. 연구대상

연구에 참가한 대상자의 선정기준은 다음과 같았다.

① 소아정신과 의사에 의해 자폐로 진단 받은 경험이 있는 아동으로서 감각 및 운동장애가 없으며
② 간단한 지시 따르기가 가능하고
③ 부모교육을 받은 경험이 있는 아동으로서
④ 부모로부터 직접교수에 대한 동의를 받은 아동을 선정하였다.

이와 같은 기준에 의해 선정된 대상 아동의 특징을 실시된 검사정보에 의한 것과 관찰에 의한 것으로 나누어 살펴보면 다음과 같다(〈표 1〉).

대상 아동은 병원에서 전반적 발달장애 진단을 받은 경험이 있는 3명의 아동으로서 오전에 초등학교에 재학하고 방과 후 프로그램이나 특별활동, 사립 기관 등을 통해 주 1시간 이상의 특수교육을 받는 아동이었다. 대상 아동들의 발달정도를 알아

〈표 1〉 대상 아동 정보

	아동 1	아동 2	아동 3
성별	남	남	남
생활연령(만)	9세 3개월	11세 4개월	9세 6개월
진단명	AD	PDD	PDD
PEP	6세 8개월	3세 11개월	5세 6개월
사회성숙도 지수	SQ=89	SQ=42.8	SQ=62.6
CARS	41.5	42	39
PPVT-R	6세 0개월~6세 5개월	3세~3세 5개월	5세 6개월~5세 11개월
K-WISC-Ⅲ	69(67, 78)	측정 불가	36(40, 43)

PEP(Psycho-educational profile)/CARS(Childhood Autism Rating Scale)

보기 위하여 교육진단검사(Psycho-educational Profile: PEP; 김정권 편역, 1994)를 실시하였다. 또한 일상생활행동의 수행정도와 사회적응도를 알아보기 위하여 부모에게 사회성숙도검사(SMS; 김승국, 김옥기, 1995)를 실시하였고, 자폐 정도를 알아보기 위해 CARS를 실시하였다. 아동들의 언어이해 정도를 확인하기 위하여 과일, 악기, 카드, 색 등의 간단한 사물 집어 주기 등을 실시하였다.

검사를 통한 대상 아동의 특성을 살펴보면 대상 아동 1은 만 9세 3개월 남아로 PEP상 6세 8개월 수준으로 사회성숙도 지수 89를 보였다. 언어표현이 적고 지시이해가 어려울 때 울기, 소리 지르기 행동이나 반향어를 보였다. 본 아동은 CARS상 41.5를 보이는 아동으로 경도-중간 정도의 자폐 소견을 보였다.

대상 아동 2는 만 11세 4개월 남아로 PEP상 3세 11개월로 나타났으며 사회성숙도 지수 42.8점을 보이는 아동이었다. 본 아동은 타인에게 지나친 경계를 보이고 눈 접촉이 어려우며 과제를 기피하기 위해 자리를 자주 이탈하였으며, 과제를 요구받았을 때 공격행동을 보이는 아동이었다. 본 아동은 CARS상 42점을 보이는 아동으로 경도-중도 자폐 소견을 보였다. 또한 아동은 의사소통을 위한 제스처나 언어를 사용하지 않았다.

대상 아동 3은 만 9세 6개월 남아로 PEP상 5세 6개월로 나타났으며 사회성숙도 지수 62.6점을 보이는 아동이었다. 본 아동은 타인에게 지나친 경계를 보이고 눈 접촉이 어려우며 과제를 기피하기 위해 반향어를 보이거나 노래하듯 그림 그리기 활동을 요구하는 언어적 특성을 보였다. 본 아동은 CARS상 39점을 보이는 아동으로 경도-중도 자폐 소견을 보였다. 또한 아동은 의사소통을 위한 제스처나 언어를 사용하지 않았다(〈표 1〉).

관찰에 의한 대상 아동의 특징은 다음과 같다. 대상 아동 1은 수시로 어머니의 얼굴을 들여다보고 그림을 그리도록 요구하였다. 홍보용 CF를 반복하여 반향하였고 화이트보드에 수시로 그림을 그리거나 글자를 반복해서 쓰는 문제를 보였다. 때로는 어머니에게 그림을 그려 달라고 요구하였다.

대상 아동 2는 자리 이탈이 심한 아동으로서 과제 제시가 끝나기도 전에 이탈을 시도하였고 허용 받으면 창가를 의미 없이 껑충 뛰며 배회하다가 자리에 앉도록 요구하면 다시 앉는 행동을 반복하였다.

대상 아동 3은 그림을 그리고자 때때로 '무엇을 할까요?'라며 노래를 부르는 듯한 높은 톤으로 요구를 하며 그림을 그리도록 제시했을 때 만화 그림을 반복적으로 그렸다.

아동의 발달에 대한 면접을 통해 부모의 양육태도를 본 결과 아동 1의 어머니의 경우 아동의 자폐행동에 대하여 지쳐 있어 보였으나 아동의 발달을 위한 교수적인 모습을 자주 보였다. 아동이 또래 아동에 비해 학습기능—특히 수학—이 뛰어나다는 자부심을 가지고 있었으며 행동발달에 대한 구체적인 질문과 아동이 반응이 적절히 나오지 않는 상황이 나타날 때는 끝까지 반응을 유도하는 등의 끈기를 보였다. 아동은 뾰족한 연필을 요구하여 볼펜을 사용하여 글씨를 쓰도록 허용하였고 지시를 내리자마자 반응하지 않는 부분에 대하여 화를 내는 등의 예민한 반응을 보였다. 아동은 짜증을 자주 내었으며 짜증을 낸 후에는 엄마로부터 원하는 반응을 얻을 수 있었다('동물원 그림 그려 주세요' 등).

아동 2의 어머니는 아동에게 전반적으로 권위를 보이고 있었다. 수시로 아동의 행동을 설명하고자 하였고 검사 중 반응이 적절하지 않았을 때 심하게 야단을 치거나 소리를 질렀으며 검사자에게 상황을 질문하기도 하였다. 아동은 어머니의 소리 지르는 행동에 무관한 반응을 보이다가 신체적인 제약이 가해지거나 가까이 가는 행동에 동작을 멈추었다가 다시 이탈을 보이곤 하였다.

아동 3의 어머니의 경우 아동의 발달을 비교적 긍정적으로 보고하였다. 어머니가 미술을 전공했다는 보고와 함께 아동의 미술적인 재능을 발견하고 도우려고 하였는데 아동이 원하는 반복적인 그림 이외에 그리도록 도움을 주기에 매우 제한스럽다고 하였다. 아동은 만화 그림을 반복적으로 그리고 있었는데 플레이 도우 등의 재료에 관심을 가지고 있었다. 아동의 행동관리에 어려움을 호소하였고 검사 중 아동이 수행하지 못한 부분을 안타깝게 반응하였다.

2. 연구설계

본 연구는 대상자 간 중다기초선 연구(multiple-baseline across subjects) 설계에 의해 실시되었다(이소현, 김영태, 박은혜, 2000). 연구는 2006년 7월 15일부터 12월까지 총 20회기에 걸쳐 실시되었다. 사전 자료 수집을 위하여 7월 15일부터 8월 26일까지 총 6회 기간이 소요되었다. 기초선 측정은 9월 2일부터 아동별로 3회, 6회, 9회기에 걸쳐 이루어졌다. 중재를 위한 기간은 아동 1의 기초선이 마쳐진 9월 16일부터 차례로 실시되었으며, 대상 아동 3명에 걸쳐 총 20회 실시되었다. 추후 유지기간을 위하여 4주 이후 아동별 총 3회기씩 실시하였다.

3. 실험도구

1) 실험환경

본 실험은 5m×6m 크기의 교육실에서 이루어졌다. 실험실은 사각 탁자가 2개씩 놓여 있었고 각 모서리에는 안전한 모서리 장치가 되어 있었다. 장면은 다섯 영역으로 구분되어 부모직접교수가 용이하도록 활동 자료를 배열하였다. 이 중 네 영역은 아동의 키 높이에 자료를 배열하였고, 한 영역은 바닥에 카펫을 깔아 아동이 앉아서 편안하게 활동할 수 있도록 하였다. 교구를 배열할 때 사전에 아동이 선호하는 친숙한 활동을 관찰한 이후, 교보재를 배열하였다. 사용된 도구나 교구는 부모의 요구를 사전에 파악하여 아동의 수준에 맞는 것으로 선정되었다. 과제에 흥미를 보이지 않는 아동을 위하여 세러피 볼과 과일 모형의 셰이크, 그리고 조작 가능한 장난감 및 화이트보드 칠판을 사용하였다. 이러한 활동은 영역을 구분하여 아동이 영역을 명확히 구분할 수 있도록 하고 활동에 필요한 도구를 다섯 영역으로 나누어 배열하였다. 공작활동을 선호하는 아동을 위하여 아동 크기에 맞는 사각 탁자와 의자가 배열되어 있었다. 또한 책상 위에는 미술도구가 준비되어 있었다. 사용된 도구는 회기마다 각종 공작용 종이와 풀, 색종이 등이 놓여 있었다.

2) 실험도구

본 실험에서는 부모직접교수를 실시하고 피드백을 주기 위하여 비디오가 설치되었다. 치료교육의 전 과정은 분석을 위하여 비디오로 녹화되었다. 비디오 녹화는 전 회기를 통하여 이루어졌다. 녹화 시 이동식을 사용하여 아동과 부모의 활동을 자세히 녹화하였는데, 먼저 6mm 테이프를 사용하여 비디오 녹화를 실시하였으며 사후에 16mm 용으로 옮겨 분석이 용이하도록 하였다.

비디오 녹화와 기록자의 일치도를 측정하기 위하여 기록자는 매 회기마다 결과의 기록을 위해 초시계와 기록용지를 펜과 함께 준비하였다.

4. 실험과정

1) 실험절차

본 연구는 대상자 간 중다기초선(multiple-baseline across subjects) 설계에 의해 실시되었다. 연구는 총 20회기에 의해 진행되었는데 기초선 3회기, 중재 16회기, 유지 3회 기간 실시하여 지속정도를 살펴보았다.

기초선 기간 동안에 아동 1의 문제행동과 언어발달을 보였고 안정세를 보였을 때 중재 과정에 들어갔다. 아동 1의 목표행동 80%를 달성하였을 때 아동 2의 중재과정에 들어갔으며 아동 2의 목표행동 80%를 수행하였을 때 아동 3에 들어갔다. 아동 3의 목표행동 80%를 수행하였을 때 실험을 종료하였다. 아동 3의 중재가 종료된 2주 후에 유지검사를 실시하였다.

2) 실험중재

5m×6m 크기의 공간에 5영역의 장면을 놓고 아동이 선호하는 장난감이나 교재를 배열하였다. 장난감이나 교재는 사전에 부모 요구를 따라 구성되었다.

부모는 아동의 관심사를 따라다니며 상호놀이를 유도하거나 다른 장면으로 장난감을 가지고 놀도록 유도하였다. 한 장면에서 오래 있으려고 하면 다른 장난감을 먼저 시범 보이며 자연스럽게 유도하였다.

5. 측정변인 및 분석방법

1) 측정행동의 정의

측정행동은 아동의 문제행동과 언어발달로 구분하여 측정되었다.

(1) 문제행동

활동 중 나타내는 부적절한 행동을 말하는 것으로 아동 개인에게 나타나는 문제행동은 공격, 자해, 상동행동(음성상동행동, 신체상동행동), 이석행동 등이다. 측정은 문제행동에 대한 15초 부분구간 시간표집법 빈도분석을 실시하였다.

측정을 위한 조작적 정의는 다음과 같다.

〈표 2〉 문제행동의 조작적 정의

공격행동	다른 사람의 신체를 해하거나 시도하는 행위
자해행동	자신의 신체를 해하거나 시도하는 행위
상동행동	무의미한 반복적인 동작을 하거나 음성행동을 보이는 행위
이석행동	의자나 자리에서 엉덩이를 떼거나 자리를 뜨는 행위

(2) 언어발달

아동의 언어발달 정도를 측정하기 위하여 사용하는 어휘수를 빈도로 측정하였다. 활동 시작 후 아동이 사용한 어휘를 녹화하여 분석하였다. 언어발달 평가는 아동이 사용한 어휘의 양과 형용사, 감탄사 사용이 기록되었다.

2) 관찰 및 자료수집

본 연구의 자료는 기초선과 중재, 유지기간의 전 실험회기에 걸쳐 중재 30분을 비디오 녹화하였다. 분석은 중재환경과 일반화환경으로 나누어 분석하였다. 분석은 측정행동의 조작적 정의에 따라 이루어졌으며 15초 간격의 부분 구간 표집법에 의하여 이루어졌다. 행동평정은 본 연구자가 연구보조인을 훈련한 후에 실시하도록 하였다. 행동발생률은 다음과 같이 계산되었다.

$$행동발생률(\%) = \frac{행동 \ 발생이 \ 관찰된 \ 구간 \ 수}{총 \ 관찰 \ 구간 \ 수}$$

3) 관찰자 간 신뢰도

기초선과 중재, 유지기간의 모든 회기를 비디오로 녹화하였다. 관찰은 본 연구자와 제2관찰자가 일치도를 점검한 후에 실시하였는데, 제2관찰자는 특수교육을 전공한 대학원생으로서 행동수정을 이수하고 2년 이상 자폐장애학생을 경험한 연구원이었다. 관찰자 훈련은 실험 전 6주 동안 아동의 목표행동을 찾아내기 위한 비디오 테이핑 과정부터 실험 실시 직전까지 실시하였는데, 예비실험과 사전관찰기간에 녹화된 테이프를 보면서 훈련하였고 관찰자 간 신뢰도가 90% 이상일 때 관찰측정에 들어갔다.

관찰자 간 신뢰도 측정을 위하여 측정행동의 구간 비율 일치도를 다음과 같은 공식에 의해 계산하였다.

구간비율의 관찰자 간 일치도

$$= \frac{행동 \ 발생에 \ 대한 \ 일치수}{행동 \ 발생 \ 일치수 + 불일치수} \times 100$$

3명의 아동에 대한 관찰자 간 신뢰도의 평균과 범위는 〈표 3〉에 제시되었다. 문제행동에 대한 일치도는 아동별 90%, 95%, 92%를 보였고, 언어행동은 95%, 95%, 90%를 나타냈다.

〈표 3〉 관찰자 신뢰도 (%)

	아동 1	아동 2	아동 3
문제행동	90 (100−80)	95 (100−90)	92 (100−84)
언어행동	95 (100−90)	95 (100−90)	90 (100−80)

Ⅲ. 연구결과

대상자 간 기초선, 중재, 유지기간을 통해 나타난 결과는 다음과 같다([그림 1]).

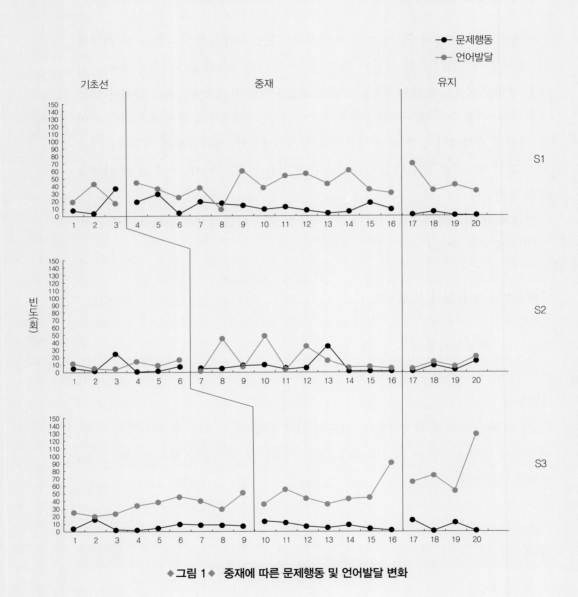

◆그림 1◆ 중재에 따른 문제행동 및 언어발달 변화

1. 문제행동

문제행동 측면에서, 기초선 기간 동안 대상 아동 각각은 아동 1의 경우 7, 3, 36회로 나타났다. 중재기간 중 아동은 19, 29, 3, 19, 16, 14, 9, 12, 7, 3, 6회로 변화되었다. 유지기간을 통해 아동의 문제행동은 17, 9, 25, 11회로 나타났다. 아동 2의 경우 기초선에는 4, 2, 24, 0, 1, 7회로 나타났으며, 중재기간에는 4, 4, 8, 9, 4, 5, 34, 1, 1, 1회로 나타났다. 유지기간에는 1, 8, 3, 14회로 나타났다. 아동 3은, 기초선의 경우 3, 17, 2, 1, 4, 9, 8, 8, 7회로 나타났으나, 중재기간 동안은 13, 12, 7, 4, 8, 3, 2회로 낮게 나타났다. 유지기간에는 15, 1, 12, 1회로 유지되는 것을 알 수 있었다.

2. 언어발달

언어발달 측면에서 아동 1의 기초선은 19, 43, 16회로, 중재기간은 44, 35, 25, 37, 10, 60, 38, 53, 56, 43, 60, 35, 30회로 나타났으며, 유지기간에는 69, 34, 41, 33회를 나타냈다. 아동 2의 경우 기초선 10, 3, 3, 13, 8, 16회로 나타났으며, 중재기간 동안 2, 45, 7, 48, 3, 34, 15, 5, 7, 4회로 나타났다. 또한 유지기간을 통해 3, 13, 7, 20회로 나타났다. 아동 3의 경우 기초선 회기 25, 20, 23, 34, 39, 46, 41, 30, 52회가 중재기간을 통해 37, 56, 44, 37, 43, 45, 92회를 보였다. 유지기간에는 66, 75, 54, 131회를 나타냈다.

Ⅳ. 고찰

본 연구는 7~11세 자폐성장애아동 3명을 대상으로 놀이 접근을 통한 부모교육이 아동의 문제행동 감소 및 언어발달에 미치는 효과를 살펴보기 위하여 실시되었다. 대상 아동들은 떼쓰기, 자해행동, 반향어 등을 보이는 전형적인 자폐성장애아동으로서 실험설계는 대상자 간 중다기초선 설계(multiple-baseline across subjects)에 의하여 이루어졌다(Alberto & Troutman, 2006).

그 결과 부모직접교수에 따른 아동의 중재효과는 문제행동 감소에는 아동 1을 제외하고는 크게 변화를 보이지 않았으나 언어발달 측면에서는 아동 2를 제외하고는 매우 적절한 것으로 살펴졌다.

연구결과를 토대로 본 논의점은 다음과 같다. 우선 부모직접교수는 아동의 발달에 효과적이었다는 점이다. 윤현숙과 곽금주(2006)는 영아의 부모직접교수 훈련을 통해 본 결과 아동의 자해, 공격행동을 감소시켰음을 보고한 바 있다. 동 연구는 2세 자폐장애아동의 행동중재를 위하여 부모직접교수, 비디오 피드백, 단일사례연구 기법을 사용한 결과 공격행동 감소 및 자해행동 감소에 영향을 미쳤음을 설명하였다. 또한 2~6세 10명의 자폐스펙트럼장애아동을 가진 부모직접교수 기법에서 아동의 언어 및 상호작용에 미치는 효과를 검증한 연구(윤현숙, 조경자, 김수희, 2004)에서는 비디오 피드백 기법을 통한 중재가 아동의 언어 및 사회성 발달에 영향을 미치는 결과를 보여 주었다. 이러한 연구결과들은 부모직접교수 기법이 아동의 언어발달에 긍정적인 영향을 미치는 것을 설명한 것이다.

한편 부모교육이 단순한 내용인식으로 그쳤을 때는 부모 자신의 양육의 효능성을 늘려 스트레스에 완화기능을 할 수 있으나 직접 교수하는 방법이나 아동의 문제를 직접 관찰하는 측면에서 좌절스러움을 동시에 겪어야 하는 작업으로서 직접적이고 적극적인 지원이 필요한 작업이라고 할 수 있다. 이러한 측면에서 본 부모직접교수 기법은 아동의 문제행동을 완화시키는 데 다소 효과적이었으나 연령이 증가될수록 문제행동의 경우 특별한 행동지원기술을 훈련시킬 필요가 있었다. 즉, 문제행동의 경우, 의미 있는 차이를 보이기에는 일관된 자료를 얻기가 어려웠는데 이는 연령이 증가할수록 부모교육만 가지고는 문제행동 조정이 어려울 수도 있으며 이를 위해서는 집중적인 문제행동 조정 이후 일반화 단계에서 개입하도록 하는 것이 바람직한 것으로 생각된다. 아동 1을 제외하고는 아동 2, 아동 3의 경우는 중재효과로 보기에는 자료의 변이도가 심하였다.

둘째로 부모직접교수는 문제행동을 완화하는 효과를 보였다. 그러나 상황에 따라 일관성 있는 결과가 나타나지 않았는데, 때로 아동의 신체 상태가 극심하게 좋지 않은 경우 극심한 문제행동을 나타냈다. 결과에 있어서 평균치는 큰 차이를 보이지 않았으나 그렇지 않은 상황에서 아동은 중재 간의 극심한 차이를 보여 일관성 있는 결과를 위한 전략이 필요하였다. 그러나 중재 중 감소된 기술은 부모의 직접교수 기법의 개입으로 행동빈도가 감소되었는데, 이러한 결과는 많은 시간 아동을 직접 관찰하고 지원하는 가족으로서 이러한 직접적인 중재기술 훈련은 아동의 문제행동관리의 일반화에 영향을 미쳤던 것으로 분석된다(Chandler & Dahlquist, 2002).

본 연구는 또한 자료 제시의 구조화활동을 제공하였는데, 높은 수준의 구조화는 아동의 행동 범위를 한정해 주고 기대치를 명확하게 제시하는 효과를 가져와 문제행동 완화에 효과적임을 알 수 있었다. 이는 Wing(2001)이 아동의 문제행동은 성인과 있을 때, 혹은 아동끼리 있을 때 정도가 다르다고 하였는데, 경험하지 않는 성인보다는 자폐장애아동을 다룬 부모에게, 비구조화 장면보다는 구조화 장면에서 아동을 다루는 것이 문제행동을 중재하는 데 효과적이라고 하는 내용과 일치된 결과를 갖는다. 국내의 연구에서도 자료 제시의 명확성과 고도의 구조화 중재가 문제행동을 감소시키고 발달을 증진시킨다고 알려져 있다(윤현숙, 곽금주, 2006; 정보인, 윤현숙, 2005). 그러나 부모직접교수가 아동의 문제행동을 완화시키는 데는 다소 제한적인 결과를 보였다. 결과를 통해 볼 때 부모가 아동을 위한 행동관리 훈련을 체계적으로 받지 않은 채로 당일의 상황에 영향을 받는 변수가 작용한 것으로 보인다.

셋째로 부모직접교수는 반향어, 언어발달 지연을 보였던 아동에게 언어발달 증진에 효과적임을 알 수 있었다. 윤현숙 등(2004)은 부모교육이 자폐장애아동의 언어 증진에 영향을 미쳤다고 보고하였다. 이러한 언어발달은 아동의 어휘수가 증가하였고 언어 사용 빈도가 증가하는 것으로 나타났는데, 부모직접교수는 다양한 장면의 언어환경을 제공하게 되어 발달을 촉진한 것으로 보인다. 이들 언어 증진은 부모로 하여금 긍정적인 상호작용 기회를 늘리게 하여 아동과의 상호작용을 늘리는 부수적인 효과를 가져온 것으로 보인다(윤현숙 외, 2004). 또한 의사소통이 빈번한 가정 장면의 전이가 언어활동을 활발하게 한 것으로 보여 가정 장면의 일반화교수로 효과적이었을 것으로 보인다.

넷째로 놀이 중심의 부모교육은 아동의 문제행동보다는 언어발달에 효과적이었음을 알 수 있었다. Wing(2001)은 자폐스펙트럼장애아동은 상상능력이 결여되어 시늉놀이가 어렵다고 주장하면서 반복된 특정한 놀이만을 몰두한다면 반복된 활동을 통해 기쁨을 얻을 수 있다고 하였다. 이는 자극의 일반화로서 자료나 자료의 변화만 있어도 반응의 차이를 보이는 자폐장애의 특성상 중재에서 사용된 자료가 가정으로 자연스럽게 전이되는 일반화 효과로 설명할 수 있겠다. 결과를 통해 볼 때

놀이 중심의 여가기술을 훈련할 경우 언어발달에 효과적이며 양육 효능감을 늘릴 수 있다고 할 수 있겠다.

또한 부모는 적정수준의 자극을 주는 것이 아동 양육에 효과적이라고 알려져 있다. 본 연구의 대상 아동은 여가활동이 적고 한정된 활동을 즐기며 특정 행동에 몰두하는 경향을 가지고 있었다. 아동의 발달상 반복활동이나 반복행동을 보이고 있었다. 문제행동의 원인이 자극의 과민양상 때문에 발생하는 상동행동의 특성상 적정수준의 경쟁행동 강화 효과를 주어 동시에 양립할 수 없는 활동을 제공한 것이 행동 감소에 영향을 미쳤을 것으로 보인다(Chandler & Dahlquist, 2002). 특히, 아동 3의 경우 종이에 그리기를 좋아하고 몰두하는 특성을 활용하여 그리기 놀이를 실시하거나 악기 놀이, 쓰기 놀이 등의 초등 연령에 맞는 기술을 여가차원으로 변형시켜 제공하는 프로그램은 아동으로 하여금 부담 없이 활동에 몰두할 수 있는 결과를 가져 왔다. 이러한 활동은 자연스럽게 가정으로 연결될 수 있어서 가정이나 학교로의 일반화에 영향을 미쳤을 것으로 보인다(정보인, 2006).

이러한 효과에도 불구하고 본 연구는 다음과 같은 제한점을 보인다.

첫째, 단일사례연구의 특성상 소수의 결과를 전체에 일반화시키기에는 제한이 따른다.

둘째로, 실험실 장면의 효과를 가정이나 학교로 일반화시키는 데 제한이 따른다.

셋째로, 부모직접교수 훈련에 어머니의 개인차에 따른 영향을 통제하기 어려운 한계를 보인다.

넷째, 언어발달을 단어 수로 측정한 것은 전체 언어발달을 설명하는 데 한계를 보인다.

그럼에도 불구하고 본 연구는 초등학생의 경우 연령에 맞는 자료 제시만 가능하다면 부모의 접근이 가정이나 학교 장면에서 아동의 발달연령에 맞는 흥미 중심의 활동 제공을 통해 문제행동을 완화시키고 언어발달에 영향을 미칠 수 있음을 보여주는 측면에서 그 의의가 있다.

V. 결론

본 연구는 구조화를 통한 부모교육이 아동의 문제행동 감소 및 언어발달 증진에 미치는 효과를 알아보기 위하여 실시되었다. 아동 1의 경우는 문제행동 및 언어발달 면에서 결과의 차이를 보였으나 아동 2의 경우 문제행동은 증가하였고 언어발달은 오히려 감소하는 효과를 보였다. 아동 3의 경우는 문제행동의 완화에는 큰 영향을 미치지 못했으나 언어발달 측면에서는 자발어가 증폭한 결과를 보였으며 유지기간에는 오히려 자발어가 더욱 증가된 모습을 보였다. 이로써 구조화 훈련을 통한 부모교육은 부모의 아동을 대하는 태도에 따라 다르며 학령기 부모의 경우 행동수정 훈련 측면에서는 직접교수를 통해 지원을 할 필요성이 있음을 알 수 있었다. 부모직접교수는 아동의 언어발달에 직접적인 도움을 줄 수 있으며 향후 부모의 태도별 아동의 직접교수에 대한 효과를 분석할 필요가 있다.

참고문헌

공마리아(1998). 자폐아동 부모교육 프로그램 임상적용 효과. 대구대학교 대학원 박사학위 논문.

김승국, 김옥기(1995). 사회성숙도 검사. 서울: 중앙적성출판사.

양명희, 김황용(1997). 비디오테이프−자기관찰 기법이 초등학교 고립아동의 사회적 행동양상에 미치는 효과. 특수교육학회, 18(3), 263-285.

윤현숙(2001). 자폐스펙트럼장애의 조기 발견을 위한 부모용 행동지표 개발. 연세대학교 대학원 박사학위논문.

윤현숙(2006). 선택하기 기법이 자폐중학생의 여가기술 과제수행 및 과제이탈에 미치는 영향. 대한 작업치료학회지, 14(2), 27-38.

윤현숙, 곽금주(2004). 친숙한 사진을 활용한 AAC 중재가 자폐아의 활동선택하기 및 언어 발달, 문제행동 감소에 미치는 효과. 인간발달연구, 11(2), 41-58.

윤현숙, 곽금주(2006). 부모직접교수가 자폐성 영아의 지시 따르기 및 문제행동, 부모의 양육행동에 미치는 효과. 인간발달연구, 13(2), 37-54.

윤현숙, 조경자, 김수희(2004). 비디오피드백 부모교육이 자폐장애아의 언어 및 상호작용에 미치는 효과. 대한재활의학회지, 28(1), 31-40.

이소현(2005). 자폐 범주성 장애. 서울: 학지사.

이소현(2006). 아스퍼거 증후군: 성공적인 통합 교육을 위한 전략. 서울: 학지사.

정보인(2006). 어린이 문제행동지도. 서울: 중앙적성출판사.

정보인, 윤현숙(2005). The effect of stop request compliance training on generalized compliance of children with autism to instructional requests in the regular classroom. 정서행동 장애연구, 21(2), 19-37.

Alberto, P. A., & Troutman, A. C. (2006). *Applied Behavior Analysis for Teachers*. Pearson Merrill Prentice Hall.

Chandler, L. K., & Dahlquist, C. M. (2002). *Functional Assessment on strategies to prevent remediate challenging behavior in school settings*. Merrill Prentice Hall, NJ.

Dale, E., Jahoda, A., & Knott, F. (2006). Mothers' attributions following their child's diagnosis of autistic spectrum disorder. *National Autistic Society, vol, 10,* SAGE Publications, 463-479.

Fillipek, P. A., Accardo, P. J., Baranek, G. T., Cook, E. H., Dawson, G., Gorden, B., Gravel, J. S., Johnson, C. P., Kallen, R. J., Levy, S. E., Minshew, N. J., Prizant, B. M., Rapin, I., Rogers, S. J., Stone, W. L., Triplin, S., Tuchman, R. F., & Volkmar, R. F. (1999). The screening diagnosis of autistic spectrum disorders. *Journal of Autism and Developmental Disorders, 29,* 439-484.

Johnson, S. A., Yechiam, E., Murphy, R. R., Queller, S., & Stout, J. C. (2006). Motivational processes and automatic responsivity in Asperger's disorder: evidence from the Iowa Gambling Task. *Journal of international Neuropsychology society, 12*(5), 668-676.

Loukusa, S., Leinonen, E., Kuusikko, S., Jussila, K., Mattila, M. L., Ryder, N., Ebeling, H., & Moilanen, I. (2006). Use of context in pragmatic language comprehension by children with Asperger syndrome or high-functioning autism. *Journal of Autism and Developmental Disorders(OCT 27; Epub ahead of print)*.

Tse, J., Strulovitch, J., Tagalakis, V., Meng, L., & Fombonne, E. (2007). Social skills training for adolescents with Asperger syndrome and high-functioning autism. *Journal of Autism and Developmental Disorders(Jan, 11; Epub ahead of print)*.

Wing, L. (2001). *The Autistic Spectrum: A parents' guide to understanding and helping your child.* Ulysses Press: CA.

참고
문헌

권준수, 김재진, 남궁기, 박원명, 신민섭, 유범희, 윤진상, 이상익, 이승환, 이영식, 이헌정, 임
　　효덕 역(2015). 정신질환의 진단 및 통계 편람(제5판). 서울: 학지사.

김상섭(2016). 특수교육심리학. 서울: 시그마프레스.

김수경, 윤현숙(2009). 읽기과제에서 시간 경과에 따른 주의력 결핍 과잉행동장애 아동의 뇌
　　파 변화. 유아특수교육연구, 9(3), 83-101.

김은영, 이소현, 유은영, 송신영(2007). 장애영유아 통합교육 및 통합보육 내실화 방안 연구. 서
　　울: 육아정책개발센터.

김진경(2007). 동영상 활동 스케줄이 자폐범주성 아동의 자발성 향상에 미치는 효과. 연세대
　　학교 대학원 박사학위논문.

김진희, 김건희 역(2011). 가족기반의 실제-특별한 영유아 모노그래프 시리즈 5호-. 서울: 학지사.

노안영(2002). 101가지 주제로 알아보는 상담심리. 서울: 학지사.

노충래 역(2003). 학대와 방임 피해 아동의 치료-0세에서 18세까지-. 서울: 학지사.

단국대학교 특수교육연구소 편(1992). 사례연구방법. 서울: 특수교육.

박현옥, 이정은, 노진아, 권현수, 서선진, 윤현숙 역(2010). 특수교육개론. 서울: 학지사.

방명애, 이효신 역(2007). 유아기 정서 및 행동장애. 서울: 시그마프레스.

법제처(2019). 발달장애인 권리보장 및 지원에 관한 법률. 법제처.

법제처(2019). 장애인 등에 대한 특수교육법. 법제처.

양명희(2016). 행동수정이론에 기초한 행동지원(2판). 서울: 학지사.

양명희, 황명숙 역(2007). 얘들아! 천천히 행동하고 주의집중하는 것을 배워 보자. 서울: 학지사.

윤현숙 역(2005). 발달장애영유아를 위한 말 가르치기. 서울: 정담미디어.

윤현숙(1991). 반응성 애착장애의 발달 및 병리 특성에 관한 일 연구. 이화여자대학교 교육대학원 석사학위논문.

윤현숙(1998). 계열화된 사진앨범을 이용한 자기관리중재가 자폐아동의 자립적인 일상 생활 행동에 미치는 효과에 대한 연구. 이화여자대학교 교육대학원 석사학위논문.

윤현숙(2000). 자폐스펙트럼장애의 조기발견을 위한 부모용 행동지표개발. 연세대학교 대학원 박사학위논문.

윤현숙(2006). 선택하기 기법이 자폐중학생의 여가기술 과제수행 및 과제이탈에 미치는 영향. 대한작업치료학회지, 14(2), 27-38.

윤현숙(2008). 고확률 기법을 통한 구조훈련이 고기능 자폐아동의 과제수행 및 문제행동에 미치는 효과. 인문논총, 13, 57-78.

윤현숙(2010). 자폐스펙트럼장애의 조기판별을 위한 부모용 행동지표의 효용성-CHAT 검사를 중심으로. 유아특수교육연구, 10(1), 107-120.

윤현숙(2011). 고반응 요구전략을 통한 구조화된 자료제시가 고기능 자폐성 장애아동의 과제 집중행동 및 문제행동에 미치는 효과. 자폐성장애연구, 11(3), 115-130.

윤현숙(2015). 긍정적 행동지원의 개요. 문제행동중재 전문가 양성과정, 17-29. 경기도 교육청 특수교육과.

윤현숙(2020). 매주 하루! 체험활동을 통한 정서행동장애 조기개입. 서울: 학지사.

윤현숙, 곽금주(2004). 친숙한 사진을 활용한 AAC 중재가 자폐아의 활동선택하기 및 언어발달, 문제행동감소에 미치는 효과. 인간발달연구, 11(2), 41-58.

윤현숙, 곽금주(2006). 부모직접교수가 자폐성영아의 지시 따르기 및 문제행동, 부모의 양육행동에 미치는 효과. 인간발달연구, 13(2), 37-54.

윤현숙, 윤선영(2014). 3단계 지시 따르기에 의한 수용언어촉진이 아스퍼거 아동의 반응시간에 미치는 효과. 한국융합학회논문지, 5(4), 137-146.

윤현숙, 장기연 역(2003). 재활치료사(작업, 심리, 언어, 특수교육, 행동수정)를 위한 놀이 작업치료. 서울: 정담미디어.

윤현숙, 정보인(2002). 자폐스펙트럼장애의 조기발견을 위한 부모용 행동지표 개발. 정서행동장애연구, 17(3), 25-55.

윤현숙, 조경자, 김수희(2004). 비디오피드백 부모교육이 자폐장애아의 언어 및 상호작용에 미치는 효과. 대한재활의학회지, 28(1), 31-40.

윤현숙, 최진숙, 김태련, 홍강의(1992). 반응성애착장애아동과 전반적 발달장애 아동의 발달 및 정신 병리학적 특징의 비교연구. 소아·청소년 정신의학, 3(1), 3-13.

이성봉, 김은경, 박혜숙, 양문봉, 정경미, 최진혁(2019). 응용행동분석. 서울: 학지사.

이소현, 박은혜, 김영태(2000). 교육 및 임상현장 적용을 위한 단일대상연구. 서울: 학지사.

이정윤, 박중규 역(2002). 불안하고 걱정 많은 아이, 어떻게 도와줄까?. 서울: 시그마프레스.

이주현 역(2016). 자폐증·아스퍼거 증후군 아동을 위한 사회성 이야기 158. 서울: 학지사.

이효신 역(2014). 교사를 위한 응용행동분석. 서울: 학지사.

임윤정, 유은영, 윤현숙, 정민예(2008). 자폐범주성 아동의 적응행동과 감각처리 요인과의 상
관관계. 정서행동장애연구, 24(1), 111-131.

장서경, 윤현숙(2012). 비디오프롬팅을 활용한 중재가 저기능 자폐성장애 고등학생의 조립작
업에 미치는 영향. 자폐성장애연구, 12(2), 59-77.

정보인(2005). 어린이 문제행동지도. 서울: 중앙적성출판사.

정보인(2011). 동영상으로 보는 응용행동분석 치료: 중증 장애 아동 치료 사례집. 강원: 청람.

정보인, 윤현숙(2000). 0~5세 발달단계별 놀이 프로그램. 서울: 교육과학사.

정보인, 윤현숙(2005). The Effect of Stop Request Compliance of Children with Autism to
Instructional Requests in the Regular Classroom. 정서행동장애연구, 21(2), 19-37.

정보인, 윤현숙, 유은영(2001). 중증정신지체 아동에 있어서 강화제 술래잡기 게임이 과제 수
행 향상에 미치는 영향. 보건과학논집, 11, 23-28.

정보인, 홍강의, 이상복(1998). 자폐아 조기치료 교육용 학습교재. 서울: 특수교육.

정유진, 윤현숙(2014). 자폐스펙트럼장애아동의 의사소통 기술 향상에 관한 단일대상연구의
문헌분석. 특수교육, 13(1), 219-244.

조복희, 도현심, 유가효(2010). 인간발달. 경기: 교문사.

조현근(2013). 장애영유아 가족지원을 위한 개별화가족지원계획(IFSP) 적용 탐색연구. 단국
대학교 대학원 박사학위논문.

주영희(1997). 즉각반향어의 기능적 활용이 자폐아동의 변별과제 습득 및 일반화에 미치는
효과 연구. 이화여자대학교 대학원 석사학위논문.

최미영, 윤현숙(2011). 자폐성장애아동의 통합교육에 대한 예비초등교사의 인식. 자폐성장애
연구, 11(2), 77-95.

최병휘 역(2006). 사회불안증의 인지행동치료. 서울: 시그마프레스.

최진희, 김은경, 윤현숙, 이인순, 이정숙 역(1996). 장애유아를 위한 캐롤라이나 교육과정. 서울:
대한사회복지개발원.

하가영(2000). 기능적 읽기활동을 통한 AAC 훈련이 비구어 뇌성마비 아동의 의사소통 능력

에 미치는 습득 및 일반화 효과. 이화여자대학교 대학원 석사학위논문.

하혜숙, 김태호, 김인규, 이호준, 임은미 역(2011). 다문화 상담-이론과 실제-. 서울: 학지사.

한국영아발달조기개입협회(2018). 한국장애 및 위험군 영아의 현황, 문제점 및 조기개입 방안. 서울.

한국영유아아동정신건강학회(2015). 영유아 자폐스펙트럼장애의 조기선별에 관한 다학문적 이해. 서울.

한국특수아동조기교육연구회(2005). 한일 조기 발달지원 10년의 실천과 과제. 서울.

홍준표(2009). 응용행동분석. 서울: 학지사.

Halliwell, M. (2003). *Supporting Children with Special Educational Needs*. David Fulton Publishers: UK.

Howard, V. F., Williams, B. F., Port, P. D., & Lepper, C. (2001). *Very Young Children with Special Needs*. Merrill Prentice Hall: NY.

저자 소개

윤현숙(Yoon Hyeon Sook)

이화여자대학교 특수교육과를 졸업하고, 동 대학 교육대학원에서 「반응성애착장애와 자폐장애의 발달 및 병리에 대한 차이 연구」로 석사학위를 취득하고, 서울대학병원 소아정신과 주간치료실 특수교사를 역임하였다. 10여 년 간 서울아동발달임상연구소에서 실제 정서행동장애, 자폐성장애아동의 조기개입, 장애 청소년 교육, 부모교육 등에 매진하였다. 2000년 연세대학교 재활학과에서 '자폐스펙트럼장애 조기개입을 위한 부모용 행동지표'를 개발하여 박사학위를 취득하였고, 서울대학교 심리학과에서 박사 후 과정을 통해 각종 심리검사 개발과정과 가족지원을 위한 프로그램 개발 등에 참여하였다. 저서 및 역서로는 『발달장애 영유아를 위한 말 가르치기』, 『0~5세 발달단계별 놀이』, 『놀이작업치료』, 『특수교육개론』, 『정서행동장애 조기개입』 등이 있으며, 장애 영유아를 위한 개입 및 중재기술을 주제로 연구 활동을 진행하고 있다.

2005년 3월 건양대학교 특수교육과 강단에 선 이후 2019년 현재까지 특수교육의 심리학적 기초, 정서행동장애, 자폐성장애, 긍정적 행동지원, 의사소통장애, 특수아상담 및 가족지원, 특수교육과 관련서비스를 가르치고 있다. 최근에는 아동보육학과의 정서행동장애, 연계 전공의 장애의 이해 등의 강의를 통해 정서행동장애 및 자폐성장애의 조기발견 및 조기개입, 통합교육, 통합보육 등을 강조하고 있다.

교내 봉사로는 각종 대학평가 등에 참여하였고, 건양대학교 중등특수교육과 학과장, 장애학생지원센터장, 국제교육원장 등의 보직을 통해 봉사하고 있다. 〈우리 아이가 달라졌어요〉(SBS TV), 〈감성교육〉(EBS TV), 〈내일은 푸른 하늘〉(KBS 제3라디오) 등에 출연하여 자폐장애, 조기개입 등을 알리고 장애인식 개선, 가족지원 등 재능기부 활동에 힘쓰고 있다.

긍정적 행동지원을 처음 시작하는
어린이집 교사, 부모형제, 학부학생을 위한 입문서

행동치료 바로 알기
Understanding Effective Behavior Therapy for
Children

2019년 1월 10일 1판 1쇄 인쇄
2019년 1월 20일 1판 1쇄 발행

지은이 • 윤현숙
펴낸이 • 김진환
펴낸곳 • ㈜ **학지사**

  04031 서울특별시 마포구 양화로 15길 20 마인드월드빌딩
대표전화 • 02-330-5114   팩스 • 02-324-2345
등록번호 • 제313-2006-000265호

홈페이지 • http://www.hakjisa.co.kr
페이스북 • https://www.facebook.com/hakjisa

ISBN 978-89-997-1993-6 93370

정가 16,000원

이 도서의 국립중앙도서관 출판시도서목록(CIP)은 서지정보유통지
원시스템 홈페이지(http://seoji.nl.go.kr)와 국가자료공동목록시스템
(http://www.nl.go.kr/kolisnet)에서 이용하실 수 있습니다.
(CIP 제어번호: CIP2019050768)

출판 · 교육 · 미디어기업 **학지사**

간호보건의학출판 **학지사메디컬** www.hakjisamd.co.kr
심리검사연구소 **인싸이트** www.inpsyt.co.kr
학술논문서비스 **뉴논문** www.newnonmun.com
원격교육연수원 **카운피아** www.counpia.com